Thilo Sarrazin

»Wir schaffen das«

Thilo Sarrazin

»Wir schaffen das«

Erläuterungen zum politischen Wunschdenken

LMV

1. Auflage Juli 2021
2. Auflage August 2021
3. Auflage August 2021
4. Auflage September 2021

MIX
Papier aus verantwortungsvollen Quellen
FSC® C083411

Teile des Textes wurden bereits in dem Buch
»Wunschdenken« (2016, DVA) veröffentlicht.

Umschlaggestaltung: Büro Jorge Schmidt, München
Satz: Satzwerk Huber, Germering
Druck und Binden: CPI books GmbH, Leck
Printed in Germany
ISBN 978-3-7844-3613-5

www.langenmueller.de

Inhalt

Prolog

Als im Spätsommer 2015 die damalige Flüchtlingskrise ihrem ersten Höhepunkt zustrebte, sagte Bundeskanzlerin Angela Merkel am 31. August vor der Bundespressekonferenz: »Deutschland ist ein starkes Land. Das Motiv, mit dem wir an diese Dinge herangehen, muss sein: Wir haben so vieles geschafft – wir schaffen das!« Der Satz bekam Flügel und wurde seitdem von vielen in Kritik und Zustimmung über Jahre hinweg bis zum Überdruss variiert und wiederholt.

»Wir schaffen das« ist ein schillernder Begriff. Ermunterung, Utopie und Missbrauch liegen bei seiner Verwendung dicht beieinander. Viele Feldherren feuerten mit ähnlicher Wortwahl vor der Schlacht ihre Truppen dazu an, ihr Äußerstes zu geben. Auch Joseph Goebbels hielt am 18. Februar 1943 im Berliner Sportpalast nach der Niederlage von Stalingrad eine »Wir schaffen das«-Rede, und ungezählte Fußballtrainer haben ihren verzagten Mannschaften während der Pause in der Mannschaftskabine mit solchen und ähnlichen Formulierungen Mut zugesprochen. Wo man kämpfen soll, darf man nicht an die Niederlage glauben, und da sind solche und ähnliche Formulierungen schnell zur Hand.

Die Amerikaner nennen das Pep Talk, und die dabei benutzten Redefiguren sind zunächst einmal wertfrei. Sie können für gute und schlechte Ziele, für reale und irreale Strategien, für utopische und realistische Konzepte, für kontroverse und einvernehmliche Politiken eingesetzt werden.

Angela Merkel verwendete die Metapher wenige Tage, bevor sie die Grenzen endgültig öffnete und mit deutscher Willkommenskultur eine europäische Krise auslöste. Ihre diesbezügliche Politik, wie immer man zu ihr steht, enthielt einen utopischen Überschuss, und mit diesem utopischen Überschuss ist der Satz »Wir schaffen das« seitdem untrennbar verbunden.

Die Bundeskanzlerin stellte den Begriff prominent in den Mittelpunkt ihres politischen Aufrufs, mit dem sie im Herbst 2015 ihre Entscheidung zur Grenzöffnung für Millionen Flüchtlinge und illegale Einwanderer vor der Öffentlichkeit verteidigte. Er steht aber auch symbolisch für die Richtung und das Scheitern anderer »großer« Entscheidungen in ihrer Regierungszeit wie:

- der 2009 einsetzende Übergang von der Währungsunion zur Schuldenunion durch Beugung des Maastricht-Vertrags von 1991 und Bruch des Stabilitätspaktes von 1998
- die Gefährdung der deutschen Klimaziele durch den 2011 eingeleiteten unüberlegten und bedingungslosen Totalausstieg aus der Kernenergie
- 2020/21 die Gefährdung einer schnellen und erfolgreichen Impfkampagne durch europapolitische Korrektheit bei der Impfstoffbeschaffung.

Utopie und Wunschdenken sind aber nur zwei der vielen Aspekte von Politik, auch wenn sie zu den gefährlichsten gehören. Das Politische wirkt in viele Bereiche hinein, und so entsteht in seinem Umfeld eine verwirrende Vielfalt von Bezügen. Diese ähneln einem Spinnennetz, und man würde sie stellenweise zerstören, wenn man sie nach Belieben oder eng nach einer vorgegebenen Idee anordnet. Auf diese Vielfalt der Blickwinkel und Bezüge gehe ich nachfolgend ein und stelle dort Zusammenhänge her, wo dies erhellend ist. Man muss aber immer im Auge haben, dass auch und gerade das Zusammenhanglose, Erratische, Widersprüchliche zum

Wesen von Politik gehört. So vertragen sich Machtgewinn und Machterhalt häufig schlecht mit ehernen Prinzipien. Dem Reichskanzler Bismarck wird das Bonmot zugeschrieben, dass ein Politiker mit Prinzipien einem Mann gleiche, der mit einer quer auf den Rücken gebundenen Bohnenstange durch einen Wald gehen wolle.

Wo sich Katastrophen ereignen, wo der technische Fortschritt die Produktionsverhältnisse umstülpt oder ganz einfach die Bürger andere Bedürfnisse entwickeln, wird und muss auch der demokratische Politiker reagieren und notfalls seine Ziele und Meinungen ändern, wenn er die Macht gewinnen und erhalten will.

Politik wird deshalb auch in der Hand wohlmeinender Machthaber schnell prinzipienlos. Und wo die Machthaber vor allem auf Macht und persönlichen Vorteil aus sind, kann ihre Politik auch zynisch und gewissenlos werden. Die Übergänge sind gleitend und die Versuchungen groß – auch dort, wo im Grundsatz demokratische Kontrolle durch gewählte Parlamente, eine gesetzestreue Verwaltung und eine unabhängige Justiz herrschen.

Ausgangspunkt für den Text dieses Essays sind die allgemeinen Betrachtungen zur Politik, die ich 2016 im Anhang zu *Wunschdenken* zusammengefasst hatte. Die 16 Jahre währende Kanzlerschaft Angela Merkels, die im Herbst 2021 zu Ende geht, liefert mit ihren Brüchen, Wendungen und einer sich zunächst unmerklich vollziehenden grundsätzlichen Kursänderung anschauliche Beispiele für das Irrlichternde und Inkonsequente, das politischen Prozessen häufig anhaftet. An die Spitze dieses Buches habe ich deshalb einen Rückblick auf Angela Merkels Regierungszeit gestellt.

Kapitel 1

Angela Merkels Kanzlerschaft: Eine Fallstudie

Angela Merkel war es nicht an der Wiege gesungen worden, dass sie einmal in der deutschen Politik eine bestimmende Rolle spielen würde. Ihr Vater war als evangelischer Pastor 1954 kurz nach ihrer Geburt mit der Familie aus Hamburg in die DDR gegangen, um dort eine Pfarrstelle zu übernehmen. Seine älteste Tochter war in der Schule Klassenbeste in Russisch und Mathematik. In Leipzig und Moskau studierte sie Physik. Als im Herbst 1989 die Mauer fiel, war sie an der Akademie der Wissenschaften in Berlin-Adlershof tätig. In der DDR war sie nicht politisch engagiert, auch nicht im Widerstand.

Aufstieg und Kanzlerschaft im Überblick

1990 begann ihr schneller Aufstieg, zuerst im Demokratischen Aufbruch (DA), dann in der ostdeutschen CDU. Nach der Wiedervereinigung erhielt sie durch Vermittlung von Günther Krause den Wahlkreis Stralsund-Rügen-Grimmen, den sie bis heute vertritt, und zog am 2. Dezember 1990 in den Deutschen Bundestag ein. Bundeskanzler Helmut Kohl ernannte sie zur Bundesministerin für Frauen und Jugend. Anders als ihr Förderer Günther Krause, der Verkehrsminister wurde, verfiel sie nicht aufgrund ihrer schnellen Karriere dem Größenwahn, und es unterliefen ihr in ihrem sehr überschaubaren Ministerium auch keine auffallenden Fehler. Sie hielt sich zurück, achtete auf ein gutes persönliches Verhältnis zu Bundeskanzler Helmut Kohl und wurde nach der Bundestagswahl im Oktober 1994 überraschend Bundesministerin für Umwelt, Naturschutz und Reaktorsicherheit.

Dort emanzipierte sie sich alsbald von ihrem Amtsvorgänger Klaus Töpfer, der sich in der Wirtschaft und bei Bundeskanzler Kohl unbeliebt gemacht hatte. Der selbstbewusste Staatssekretär Clemens Stroetmann, den sie von Klaus Töpfer »geerbt« und der das Ministerium acht Jahre lang seit seiner Gründung geführt hatte, musste nach kurzer Zeit in den einstweiligen Ruhestand.

Nach der Wahlniederlage Helmut Kohls bei der Bundestagswahl 1998 wurde Angela Merkel unter dem neuen Vorsitzenden Wolfgang Schäuble Generalsekretärin der CDU. Als die Partei durch die Spendenaffäre von Helmut Kohl tief erschüttert wurde, forderte Angela Merkel am 22. Dezember 1999 in einem Gastbeitrag in der *FAZ*, dass die CDU sich von Kohls Einfluss lösen und eigene Wege gehen müsse. Diesen »Vatermord« hatte sie nicht mit dem Parteivorsitzenden Schäuble abgesprochen. Nach dessen Rücktritt wurde sie im April 2000 auf dem Bundesparteitag in Essen mit 96 Prozent der Stimmen zur neuen Vorsitzenden gewählt, Friedrich Merz wurde Schäubles Nachfolger als Vorsitzender der CDU/CSU-Bundestagsfraktion.

Die neue Vorsitzende war zunächst schwach, die Erfolge der CDU bei Landtagswahlen blieben mäßig, ihre Chance auf die Spitzenkandidatur bei der Bundestagswahl 2002 war unsicher. Anfang 2002 bot sie dem bayerischen Ministerpräsidenten Edmund Stoiber die Kanzlerkandidatur bei der kommenden Bundestagswahl an und erhielt im Gegenzug seine Unterstützung für den Vorsitz der Bundestagsfraktion. Als die CDU/CSU die Bundestagswahl knapp verlor, löste sie im Herbst 2002 den völlig überraschten Friedrich Merz als Fraktionsvorsitzenden ab. Aus dieser Position heraus trat sie bei der vorgezogenen Bundestagswahl 2005 als Kanzlerkandidatin an und bildete nach einem knappen Wahlsieg mit der SPD eine Große Koalition. Ihr Konkurrent Friedrich Merz schied zunächst aus der Politik aus.

Als Bundeskanzlerin tat Angela Merkel in den Folgejahren mehr oder weniger das Gegenteil von dem, was die CDU 2003 in ihrem Leipziger Programm beschlossen hatte. Dieses war sehr strikt auf Entbürokratisierung, Reduzierung von Steuern und Abgaben und Verminderung von Staatsschulden abgestellt. Die Forderung von Friedrich Merz, die Steuererklärung müsse auf einen Bierdeckel passen, war dafür typisch.

Tatsächlich wurden aber die 16 Regierungsjahre Angela Merkels durch steigende Steuer- und Abgabequoten, zunehmende Staatsverschuldung und eine immer größere Schlagseite des Bundeshaushalts in Richtung Sozialausgaben bestimmt. Die Sicherungen des Maastricht-Vertrags gegen eine Haftung für fremde Staatsschulden wurden unterhöhlt und weitgehend aufgegeben. Mit dem großen Corona-Paket, das 2020 zur Stützung der Wirtschaft in der EU verabschiedet wurde, wurde der EU erstmals eine eigene Verschuldungsfähigkeit zuerkannt.

In der Summe war die *Wirtschafts-, Finanz- und Sozialpolitik* der Bundesregierung in den 16 Jahren der Kanzlerschaft Angela Merkels eher sozialdemokratisch geprägt. Innere Reformen fielen weitgehend aus, eine Entbürokratisierung fand nicht statt. Neue Vorsorge für die künftige Finanzierung der sozialen Alterssicherung wurde nicht getroffen, Vorsorgemaßnahmen der Vorgängerregierungen wurden sogar reduziert. Immerhin blieben die Hartz-IV-Reformen Gerhard Schröders unter Merkels Kanzlerschaft zum Leidwesen der SPD weitgehend unangetastet.

In der *Europapolitik* wurde Merkels Kanzlerschaft vor allem von drei Themen beherrscht:

- Aus der Weltfinanzkrise 2008/09 ergab sich eine Krise der *Europäischen Währungsunion*. Ausgehend von Schwierigkeiten Griechenlands sowie später auch Italiens, Portugals und Spaniens drohte ein Auseinanderbrechen der Währungsgemeinschaft. Dies wurde von 2009 bis 2015 in mehreren Stufen durch zusätzliche finanzielle Garantien der beteiligten Staaten und durch aggressive Käufe von Staatsanleihen durch die Europäische Zentralbank verhindert. Als Folge hat die Währungsunion ihren ursprünglichen Charakter allmählich verändert und wird mehr und mehr zu einer Haftungs- und Garantiegemeinschaft ursprünglich souveräner Staaten.
- In der *Migrationspolitik* legte insbesondere der Flüchtlingszustrom 2015/16 die konzeptionellen Schwächen des Schengen-Raums, das Fehlen wirksamer Grenzkontrollen und einer operativ funktionierenden Asyl- und Zuwanderungspolitik offen. Ansatzpunkte für grundlegende Änderungen sind auch sechs Jahre nach der Migrationskrise nicht erkennbar. Das Thema bleibt eine offene Wunde der Europäischen Union. Im widersprüchlichen Verhältnis zur Türkei und ihrem diktatorisch agierenden Präsidenten Erdoğan muss immer wieder die Grenze der Würdelosigkeit gestreift werden, weil die EU zu einer eigenständigen Kontrolle ihrer Grenzen und der damit verbundenen wirksamen Migrationssteuerung weder willens noch in der Lage ist. Deutschland hat hierbei positiv wie auch negativ eine besondere Führungsrolle. Die Art, wie Angela Merkel als Bundeskanzlerin diese Rolle wahrnahm, hat wesentlich zu den Erfolgen populistischer Parteien in den EU-Ländern beigetragen.

- Angela Merkel hat sich als Bundeskanzlerin niemals wirklich für die Befindlichkeiten und Belange der Briten interessiert und den Vorlauf des Brexits eher passiv begleitet. Mit dem *Ausscheiden Großbritanniens aus der EU* haben die nördlichen Länder einen wesentlichen Verbündeten für finanzielle Solidität und marktwirtschaftliche Orientierung der Gemeinschaft verloren. Die Gewichte in der EU haben sich dadurch nachhaltig verschoben. Die Geschicke eines wieder selbstständigen Großbritanniens werden künftig für die EU, aber insbesondere für Deutschland, sowohl Benchmark als auch Stachel sein. Bisher ist nicht absehbar, ob der Brexit Großbritannien nachhaltig schadet. In Großbritannien selber hat er 2021 erheblich an Popularität gewonnen durch die im Vergleich zur EU wesentlich schnellere Impfstoffbeschaffung und die darauf aufbauende erfolgreiche Impfkampagne.

In der *Umwelt- und Energiepolitik* knüpfte Angela Merkels Regierungszeit mehr oder weniger nahtlos an die Politik der Vorgängerregierung mit ihrem grünen Umweltminister Jürgen Trittin an. Die konzeptionellen Mängel der sogenannten Energiewende wurden nicht beseitigt. Durch die Kombination von Atom- und Kohleausstieg steuert Deutschland auf eine riesige Lücke an sicher verfügbarer und ausreichend preisgünstiger Energie zu, wenn es die international vereinbarten CO_2-Ziele mit sogenannten erneuerbaren Energien tatsächlich vertragskonform erreichen will. Die Hoffnung, dass die sicher absehbaren und für den Industriestandort Deutschland existenzgefährdenden Lücken durch einen noch unbekannten technischen Fortschritt rechtzeitig geschlossen werden können, mutet leichtsinnig bis utopisch an und ist jedenfalls als Leitlinie für eine verantwortungsbewusste Politik ungeeignet. Hier hinterlässt die Kanzlerschaft von Angela Merkel den Nachfolgern ein in dramatischer Weise unbestelltes Feld.

In der *Verteidigungspolitik* erzeugte Angela Merkels Regierungszeit eine Trümmerlandschaft. Die von ihr ernannten Verteidigungsminister waren eine bemerkenswerte Kette von Fehlbesetzungen. Zeitweise gab es kein einziges einsatzfähiges U-Boot. Nach langen Jahren besteht immerhin die Hoffnung, dass das Schulschiff *Gorch Fock* im Herbst 2021 wieder die Segel setzen kann. Einsatzfähige Panzer gibt es nur noch in geringer Zahl. Die Luftabwehr des Heeres wurde unter dem Verteidigungsminister Thomas de Maizière abgeschafft, im Falle eines Konflikts stünde das Heer Drohnenangriffen wehrlos gegenüber. Das Management von Beschaffungsprogrammen versagt nach wie vor auf breiter Front. Kein einziger Auslandseinsatz außerhalb Europas war gemessen an seinen Zielen von Erfolg gekrönt. Die Bundeswehr, die zum Zeitpunkt des Mauerfalls über zwölf voll ausgerüstete, einsatzfähige Divisionen verfügte, ist gegenwärtig nicht in der Lage, der NATO auch nur eine einzige voll ausgerüstete Division zur Verfügung zu stellen. Wenn der russische Präsident Putin im Donezbecken mit dem Säbel rasselt, was er immer wieder gerne tut, wird er auch solche Fakten im Auge behalten.

Die nachhaltigsten Wirkungen erzielte Angela Merkel bei der *Veränderung der deutschen Parteienlandschaft*. Der marktwirtschaftliche Kurs von Bundeskanzler Gerhard Schröder und die Verletzungen, die Oskar Lafontaine in der Auseinandersetzung mit ihm davontrug, führten 2005 zur Abspaltung der Wahlalternative (WASG) von der SPD und 2007 zur Gründung der Partei Die Linke. Aufgerieben zwischen Linke und Grünen, verlor die SPD nicht nur die geistige Führung in der linken Mitte, sondern auch die Fähigkeit, auf der Bundesebene Mehrheiten zu organisieren und zu führen. So wurde die SPD zum babylonischen Gefangenen einer Großen Koalition.

Dadurch wuchs der CDU/CSU ein gewaltiger strategischer Vorteil zu. Diesen verspielte Angela Merkel als Parteivorsitzende und als Bundeskanzlerin, indem sie zuließ, dass sich rechts von der Union ein großer ungedeckter Raum öffnete, in dem sich seit 2013 die AfD etablieren und nachhaltig etwa 10 Prozent der Stimmen an sich binden konnte. Das einmal Geschehene ist kurzfristig nur schwer rückgängig zu machen. Regierungsbildungen der Union ohne SPD und/oder Grüne sind damit auf der Bundesebene für einen unabsehbaren Zeitraum unmöglich geworden. Die Führung einer bürgerlichen Mehrheit wird für die Union zum unerreichbaren Ziel. Dieser historische Bruch kann auch die Einleitung eines langfristigen Niedergangs der Union bedeuten – ausgelöst durch die Politik Merkels, die Union in der Summe nach links zu führen.

Die drei großen Einschnitte in den langen Jahren von Merkels Kanzlerschaft waren historische Zufallsprodukte, denn sie waren weder sachlich zwingend noch zum Ereigniszeitpunkt unvermeidlich: Das waren die Weltfinanzkrise 2008, die Tsunami-Welle in Fukushima 2011 und die Flüchtlingskrise 2015. In allen drei Fällen waren grundsätzliche Änderungen der deutschen Politik die Folge, die politisch gewollt, aber keineswegs zwingend waren. Für die damit verbundenen elementaren Kurswechsel trägt Angela Merkel die politische Verantwortung. Sie sind das eigentliche Erbe ihrer Kanzlerschaft. Dazu zählen

- 2009 der Einstieg in eine Schulden- und Haftungsgemeinschaft der Eurozone, entgegen dem Geist und dem Wortlaut des Maastricht-Vertrags
- 2011 der vorgezogene Ausstieg aus der Kernenergie, obwohl kein deutsches Kernkraftwerk in einer Tsunamigefährdeten Zone lag

- 2015 die bedingungslose Öffnung der Grenzen für illegale Einwanderer, für die es weder eine rechtliche Verpflichtung noch eine tragende sachliche Begründung gab.

18 Monate vor dem planmäßigen Ende der Kanzlerschaft Angela Merkels, das durch den Termin der Bundestagswahl 2021 gesetzt war, schuf die weltweite Corona-Pandemie eine neue, unerwartete Herausforderung. Brennpunktartig machte der deutsche Umgang mit ihr die Mängel und Schwächen deutlich, die sich während der Kanzlerschaft Angela Merkels im politischen System und der Gesellschaft Deutschlands eingenistet haben:

- Obwohl von Anfang an klar war, dass nur eine möglichst schnelle Impfung mit einem wirksamen Impfstoff die Pandemie letztlich besiegen konnte, und obwohl Deutschland als ehemalige Apotheke der Welt bei Impfstoffen immer noch führend ist, gab die deutsche Politik im Sommer 2020 die Federführung für die Impfstoffbeschaffung an die EU ab. Fleißkärtchen für europapolitisches Wohlverhalten waren der Bundeskanzlerin offenbar wichtiger als der möglichst schnelle und kompromisslose Schutz der eigenen Bevölkerung. Länder wie die USA, Großbritannien und Israel gingen einen anderen Weg und hatten im Sommer 2021 beim Impfschutz der eigenen Bevölkerung einen zeitlichen Vorsprung von drei bis fünf Monaten. Das schlug sich in weniger Kranken und Toten, in geringeren Kosten und einem schnelleren Wirtschaftsaufschwung nieder.
- Durch die Verhärtungen im deutschen Datenschutzrecht wurde die Corona-Warn-App, die die Nachverfolgung des Infektionsgeschehens erleichtern sollte, zu einem Flop. Die Papier- und Faxwirtschaft der deut-

schen Gesundheitsämter führte aller Welt vor Augen, dass Deutschland zumindest bei der Digitalisierung der öffentlichen Verwaltung den Anschluss an die Weltspitze verloren hat und drittklassig geworden ist.

- Deutschland verfiel von März 2020 bis Sommer 2021 in den Modus eines oszillierenden und widersprüchlichen Dauer-Lockdowns, eine Lernkurve war kaum erkennbar.

Ein Erbe der Pandemie ist deshalb ein dauerhaft beschädigtes Selbst- und Fremdbild Deutschlands. Angela Merkel hat es bei aller analytischen Kompetenz und bei allem politischen und bürokratischen Fleiß in dieser vierten großen Herausforderung ihrer Amtszeit erneut nicht geschafft, strategisch zu planen und zu führen. Wie bei den großen Krisen vorher lebte sie programmatisch und managementmäßig von der Hand in den Mund.

Soweit man bei Angela Merkels politischem Handeln überhaupt eine Strategie entdecken kann, ist es jene, die Herausforderungen des Tages zu bewältigen und im Amt zu überleben. Das sogenannte Mikromanagement beherrschte sie gut. Große Herausforderungen ließen sie weitgehend ratlos, und sie ließ sich überhaupt nur auf sie ein, wenn sie sich gesellschaftspolitisch breit abgesichert und gestützt fühlte.

Leistungsbilanz früherer Bundeskanzler

Vor der langen Regierungszeit Angela Merkels hatte die Bundesrepublik in den 56 Jahren seit ihrer Gründung nur sieben Kanzler gehabt: Für einen von ihnen, Ludwig Erhard, der auf Konrad Adenauer folgte, erwies sich die Kanzlerschaft als zu groß, er scheiterte nach nur drei Jahren im Amt. Sein Nachfolger Kurt Georg Kiesinger blieb auch nur drei Jahre im Amt. Als der erste Bundeskanzler einer Großen Koalition beschrieb er sich selbst als »wandelnden Vermittlungsausschuss«. Im Nachhinein bestand seine historische Rolle darin, der Ostpolitik Willy Brandts und der antizyklischen Finanzpolitik von Karl Schiller und Franz Josef Strauß die Bühne zu bereiten. Die übrigen fünf Bundeskanzler bleiben jeweils durch besondere, unverwechselbare Leistungen historisch in nachhaltiger Erinnerung:

- Konrad Adenauer (CDU) sicherte 1949–1963 mit seinem Machtbewusstsein die Entwicklung der sozialen Marktwirtschaft durch Ludwig Erhard ab. Er setzte die vorbehaltlose Integration Westdeutschland in den Westen durch NATO-Beitritt und Wiederaufrüstung durch. Er legte mit der Gründung der Montanunion und später der EWG zusammen mit Robert Schuman den Grundstein für ein neues Europa. Mit Charles de Gaulle begründete er die deutsch-französische Freundschaft und das besondere Verhältnis der beiden für Europa zentralen Länder.
- Willy Brandt (SPD) setzte 1969–1974 mit der Ostpolitik die formale Anerkennung der vom Zweiten Weltkrieg in Europa geschaffenen Realitäten durch die Bundesrepublik durch. So erweiterte er ihren künftigen Handlungsraum und ermöglichte einen Prozess der Verständigung zwischen dem Westen und den Ländern des Ostblocks. Der Abbau der Konfrontation war das Ferment, das jene Gärung im Ostblock beförderte, die zum Zusammenbruch der sozialistischen Systeme führte und letztlich auch die deutsche Wiedervereinigung ermöglichte.
- Helmut Schmidt (SPD) wandte sich in seiner Regierungszeit (1974–1982) mit Mut und Tatkraft gegen die Linkstendenzen der eigenen Partei. Er bekämpfte den

RAF-Terror und schuf nach der ersten Ölkrise neue Formate der internationalen Zusammenarbeit. Gegen die eigene Partei setzte er in der NATO die Nachrüstung mit nuklearen Mittelstreckenraketen durch. Die Russen erkannten, dass sie den Rüstungswettlauf nicht gewinnen konnten, das war einer der Gründe für Glasnost und Perestroika und eine der Voraussetzungen für den späteren Mauerfall und die Wiedervereinigung.

- Helmut Kohl (CDU) setzte in seiner langen Zeit als Bundeskanzler (1982–1998) zwei grundlegende europapolitische Reformen durch: den Fortfall der Grenzkontrollen im sogenannten Schengen-Raum und die Europäische Währungsunion. Beide Integrationsschritte erwiesen sich im Nachhinein als nicht ausreichend durchdacht. Ihre unbeabsichtigten Konsequenzen haben immer wieder die Stabilität der Europäischen Union bedroht und stehen auch heute noch im Zentrum aller großen europäischen Krisen. Zum bedeutenden Staatsmann wurde Helmut Kohl, als er nach dem Mauerfall die Chance der deutschen Einheit beherzt ergriff und die Wiedervereinigung Deutschlands gegen alle Widerstände in nur zwölf Monaten geschickt verwirklichte. Unbeabsichtigt bereitete er damit auch Angela Merkel die gesamtdeutsche Bühne. Wie überlieferte Äußerungen dokumentieren, hasste er sie nach dem Ende seiner Kanzlerschaft von ganzem Herzen, weil sie ihn wegen der Parteispendenaffäre als Ehrenvorsitzenden vom Thron gestoßen hatte und letztlich – so sah er es – auf seine Kosten zur Parteivorsitzenden und zur Bundeskanzlerin aufstieg.

Als Leistungsbilanz aus der Kanzlerschaft Angela Merkels verbleibt auf der Habenseite, dass Deutschland als Nation, als Gesellschaft und als Volkswirtschaft weitere 16 Jahre ohne

Krieg, ohne Massenarbeitslosigkeit und bei insgesamt positiver wirtschaftlicher Entwicklung durchlebt hat. Auf der Sollseite steht, dass die großen und wesentlichen Zukunftsfragen

- Wie schafft man nach dem Atomausstieg die Energiewende?
- Wie geht es weiter mit der Europäischen Union?
- Wie schützen wir Deutschland und Europa vor unerwünschter Einwanderung?
- Wie bekämpft man sinkende Bildungsleistung und abnehmende Innovationskraft?

sowohl konzeptionell als auch operativ ungelöst blieben. Zu Angela Merkels Erbe gehört eine allmähliche Erstarrung der Strukturen in Deutschland, gepaart mit Fantasielosigkeit. Im Nachhinein könnte sich dieses Erbe als Vorbote eines Niedergangs erweisen.

Die Personalpolitik Angela Merkels

Im Umgang mit Mitstreitern, Konkurrenten und politischen Gegnern war Angela Merkel stets pragmatisch, machtbewusst und gänzlich unsentimental. Das ermöglichte ihr den Machtgewinn und sicherte auch die lange Zeitdauer ihrer Kanzlerschaft. Es war sicherlich auch ein Resultat ihrer Sozialisation in der ehemaligen DDR, dass sie sehr gut warten, beobachten und den Mund halten konnte.

Trotz ihrer oft zögerlichen und umständlichen Ausdrucksweise war sie in einem Punkt kommunikativ sehr trittsicher: Sie sagte kaum je etwas Emotionales oder Unbedachtes – und oft lange nichts. So vermied sie in den 21 Jahren Parteivorsitz und Kanzlerschaft zumeist Kommunikationsfehler von größerem Gewicht und erschwerte es ihren Gegnern und Konkurrenten, sie richtig einzuschätzen.

Am Anfang ihres politischen Aufstiegs standen der »Vatermord« an ihrem politischen Förderer Helmut Kohl und die Ablösung von Wolfgang Schäuble als Parteivorsitzender. Ihren politischen Konkurrenten Friedrich Merz entmachtete sie 2005, indem sie ihn durch ihre Absprache mit Edmund Stoiber als Vorsitzende der CDU/CSU-Fraktion ablöste. Machtpolitisch stand Merz unter der Parteivorsitzenden, Fraktionsvorsitzenden und später Bundeskanzlerin Angela Merkel fortan im Abseits, sodass er 2009 die Politik verließ.

Den hessischen Ministerpräsidenten Roland Koch, der mit seinem scharfen Intellekt und seiner konservativen Ausrichtung von vielen in der Union als ihr Kontrastprogramm wahrgenommen wurde, hielt sie stets auf Abstand. Er hatte nie Chancen auf eine Position im Bundeskabinett.

Wenn Weggefährten oder Mitarbeiter zu einer politischen Belastung wurden, trennte sie sich zügig von ihnen. Das mussten die ersten beiden CDU-Generalsekretäre unter ihrer Führung, Ruprecht Polenz und Laurenz Meyer erfahren. Arbeitsminister Franz Josef Jung musste 2011 nach nur vier Wochen im Amt als Arbeitsminister gehen, weil er zuvor als Verteidigungsminister die sogenannte Kundus-Affäre unzureichend gemanagt hatte. 2012 entließ Angela Merkel den tüchtigen Umweltminister Norbert Röttgen, weil unter seinem Landesvorsitz die Landtagswahl in Nordrhein-Westfalen für die CDU spektakulär verloren ging.

Drei Bundesminister gingen Angela Merkel gegen ihren Willen wegen aberkannter Doktorgrade verloren: 2011 der Verteidigungsminister Karl-Theodor zu Guttenberg, 2013 die Bildungsministerin Annette Schavan und im Mai 2021 die Familienministerin Franziska Giffey.

Ihr dritter Generalsekretär, Volker Kauder, wurde Ende 2005 ihr Nachfolger als Fraktionsvorsitzender der CDU/CSU-Bundestagsfraktion und gehörte zu ihren engsten Vertrauten, bis er nach 13 Jahren im September 2018 den Fraktionsvorsitz in einer Kampfabstimmung gegen Ralph Brinkhaus verlor. Angela Merkel las dies offenbar als Zeichen für einen beginnenden Autoritätsverfall und erklärte wenige Wochen später ihren Verzicht auf das Amt der Parteivorsitzenden.

Mit den Personen, denen sie vertraute, arbeitete Angela Merkel langjährig zusammen:

- Wolfgang Schäuble 12 Jahre als Innen- und Finanzminister
- Thomas de Maizière 12 Jahre als Chef des Kanzleramts, Verteidigungsminister und Innenminister
- Ursula von der Leyen 14 Jahre als Ministerin, zuletzt für Verteidigung
- Ronald Pofalla acht Jahre als Generalsekretär und Chef des Kanzleramts
- Peter Altmaier neun Jahre als Umweltminister, Chef des Kanzleramts und Wirtschaftsminister.

Loyalität und Umgänglichkeit waren in diesem Kreis stets gesichert. Auf der Strecke blieben die großen inhaltlichen Fragen, die in Deutschland zu lösen sind. Das gilt gleichermaßen für die Islampolitik und die Einwanderungspolitik, die Zukunft der Bundeswehr, die Mängel bei Bildung, Forschung und Innovation, für die Steuer- und Abgabenpolitik und die Zukunft der Alterssicherung. Umgänglichkeit und Loyalität sind wichtige Eigenschaften bei engen Mitarbeitern. Aber sie bieten für sich genommen noch keine Gewähr dafür, dass wichtige Zukunftsfragen erkannt, entscheidungsorientiert diskutiert sowie mit Härte und Energie angegangen werden. Der Zustand Deutschlands im Jahr 2021 zeigt, dass dies nur unzureichend geschah.

Die CDU-Vorsitzende Angela Merkel gehörte zu jenen, die 2004 den damaligen IWF-Direktor Horst Köhler ins Amt des Bundespräsidenten hoben. Der ehemalige Finanzstaatssekretär fremdelte immer wieder mit dieser auf Repräsentation ausgerichteten und kaum mit exekutiven Möglichkeiten ausgestatteten Rolle und trat 2010 nach Kritik an einer Äußerung über Auslandseinsätze der Bundeswehr zurück. Der von Angela Merkel als Nachfolger vorgeschlagene Christian Wulff trat 20 Monate nach seiner Wahl im Februar 2012 zurück, weil sich eine Reihe von Ungeschicklichkeiten kumuliert hatten und er dem Druck der negativen Presse nicht länger standhalten wollte. Zweimal hintereinander hatte sich ein von Angela Merkel bevorzugter Kandidat der komplexen und undankbaren Rolle des Amtes psychologisch nicht gewachsen gezeigt. Der Nachfolger Joachim Gauck war nicht der Wunschkandidat von Angela Merkel – ganz im Gegenteil, dazu war er ihr zu kritisch und zu unabhängig. Trotzdem – oder vielleicht auch deswegen – war Joachim Gauck über eine volle Amtsperiode ein erfolgreicher und souveräner Bundespräsident.

Angela Merkel und das Meinungsklima in Deutschland

Wer lange in mächtigen und sichtbaren öffentlichen Ämtern ist, wird unvermeidlich zur Projektionsfläche für Bewunderung und Abneigung gleichermaßen und kann häufig als Person von dem Image, das auf ihn projiziert wird, nur noch schwer getrennt werden. Das gilt verstärkt für die mächtigste

Frau im Land mit einer Amtszeit von bald 16 Jahren – länger als Konrad Adenauer und ebenso lang wie Helmut Kohl.

Die Entwicklung des Meinungsklimas in einer Gesellschaft ist ein komplexer Vorgang mit einer politischen, soziologischen, demografischen und psychologischen Dimension. Auch in einer Demokratie prägen politische Machthaber bis zu einem gewissen Grad das Meinungsklima, aber sie reflektieren es auch. Es gehört zum Wesen einer Demokratie, dass die gewählten Führer auch deshalb gewählt wurden, weil sie den herrschenden Stimmen in der Bevölkerung und den Medien besonders nahe waren.

Angela Merkel kam 2000 durch eine Reihe historischer Zufälle und durch ihr eigenes Geschick an die Spitze der CDU, die damals die große Volkspartei der rechten Mitte war. Rechts von der Union hatten allenfalls politische Splittergruppen Platz. Als Parteivorsitzende und Kanzlerin erschloss Angela Merkel der Union im traditionell sozialdemokratischen Milieu der linken Mitte neue Wählerschichten. Für viele Wähler der SPD und der Grünen wurde sie durch ihre Politik und die von ihr besetzten Themen zur Kanzlerin der Herzen. Das erklärt ihre ungebrochen hohe persönliche Popularität auch in der Spätphase ihrer Kanzlerschaft.

Ich persönlich habe den Eindruck, dass sich das Meinungsklima in Deutschland in den vergangenen zwei Jahrzehnten deutlich verengt hat, und ich habe darüber 2014 ein Buch geschrieben, das Anfang 2021 in einer Neuauflage mit aktuellem Vorwort erschienen ist.[1] Diese Verengung ist aus meiner Sicht vom Aufstieg Angela Merkels und ihrem langjährigen Verharren im mächtigsten Amt der Republik nicht zu trennen. Die Bundeskanzlerin Merkel hat die Moralisierung von politischen Standpunkten in der Bundesrepublik entscheidend vorangetrieben und sich damit die ungeteilte, fast schon unkritische Zustimmung des Mainstreams in den

Printmedien und dem öffentlich-rechtlichen Rundfunk gesichert.

Beim Ausstieg aus der Kernenergie, in der Europapolitik, bei der Flüchtlingspolitik sowie in Fragen von Einwanderung und Asyl wurde in den letzten Jahren eine Tendenz zur moralischen Überhöhung politischer Standpunkte immer deutlicher. Besonders kontrovers und konfliktbeladen war dies 2015/16 auf dem Höhepunkt der Flüchtlingskrise, als Horst Seehofer – damals noch bayerischer Ministerpräsident – von der »Herrschaft des Unrechts« sprach.

Ein Ergebnis der durch Angela Merkels Politik bewirkten Linksverschiebung der Union ist der Aufstieg der AfD. Egal ob man diese Partei für konservativ, rechtspopulistisch, rechtsradikal oder gar rechtsextrem hält – es bleibt die Tatsache, dass sie einen stabilen Wähleranteil von 10 bis 11 Prozent hat und Wähler anzieht, die früher zu Hause blieben oder Die Linke, SPD oder die Union wählten.

Wahrscheinlich ist es richtig, dass die Union die Stimmen der AfD-Wähler nicht einfach wieder zurückbekommt, indem sie sich stärker den von der AfD besetzten Themen zuwendet. Es ist aber auch richtig, dass sie dieses Potenzial nicht vernachlässigen kann, wenn sie je wieder ohne die Unterstützung von SPD oder Grünen regieren möchte. Die CDU steckt hier in einer ähnlichen Falle wie die SPD: Deren »Abspaltungen« – Die Linke und die Grünen – haben die SPD im Verlauf einiger Jahrzehnte zumindest auf Bundesebene dauerhaft zum Juniorpartner degradiert. So weit ist es mit der Union noch nicht gekommen, aber in Baden-Württemberg wird die Rolle des Juniorpartners schon einmal geübt, und das bereits in der zweiten Legislaturperiode.

Das Dilemma des Erbes und der Nachfolge

Die CDU-Vorsitzende Angela Merkel hat seit ihrer Wahl ins Amt im Jahr 2000 bis zu ihrem Verzicht auf eine erneute Kandidatur 18 Jahre lang einen schleichenden Niedergang der Partei verwaltet. Die Zahl der CDU-Mitglieder sank in ihrer Amtszeit von 640 000 auf 400 000. Der Frauenanteil betrug am Ende ihrer Amtszeit nur 26 Prozent, und das Durchschnittsalter der Mitglieder lag bei 60 Jahren.

In ausnahmslos allen Bundesländern ist der Stimmenanteil der CDU heute deutlich niedriger als zu Beginn ihrer Amtszeit. In Baden-Württemberg sank er von 41 auf 24 Prozent, in Hessen von 43 auf 27 Prozent und in Hamburg von 32 auf 11 Prozent. Nur in sechs Bundesländern stellt die CDU noch den Ministerpräsidenten. Nur in Nordrhein-Westfalen reicht es noch knapp zu einer Koalition mit dem traditionellen Bündnispartner FDP ohne weitere Beteiligte.

Gründung und Aufstieg der AfD haben nicht nur im Bund, sondern auch in den meisten Bundesländern bürgerliche Mehrheiten rechts von Grünen, SPD und Linkspartei unmöglich gemacht. Diese fundamentale und wachsende Schwäche der Union wurde lange Zeit durch die starke Rolle Angela Merkels als Bundeskanzlerin überdeckt. Nach dem Debakel der hessischen Landtagswahl im September 2018 war dies so nicht mehr möglich. Angela Merkel zog die Konsequenz und erklärte ihren Verzicht auf den Parteivorsitz.

Der Wettbewerb um ihre Nachfolge im Parteivorsitz wurde zu einem verdeckten Richtungskampf: Ihr alter Widersacher Friedrich Merz verlor auf dem Bremer Parteitag im Dezember 2018 nur knapp gegen die Generalsekretärin Annegret Kramp-Karrenbauer. Es obsiegten jene, die in Angela Merkels Politik als Bundeskanzlerin kein Problem für den Kurs und die Erfolgschancen der CDU sahen oder zumindest nicht darüber reden wollten.

Die neue Parteivorsitzende Kramp-Karrenbauer zog sich das Missfallen der noch für weitere drei Jahre amtierenden Bundeskanzlerin zu, als sie zaghafte Versuche unternahm, sich in der Frage der künftigen Einwanderungspolitik vom Kurs Angela Merkels abzusetzen. Durch Ungeschicklichkeiten in der Kommunikation wurde sie schnell zur »Lame Duck«, zur »lahmen Ente«. Als es ihr nicht gelang, die CDU in Thüringen von der Wahl des auch von der AfD unterstützten FDP-Politikers Thomas Kemmerich zum Ministerpräsidenten abzuhalten, wurde sie durch eine Intervention der Bundeskanzlerin aus dem fernen Südafrika öffentlich bloßgestellt und kündigte im Februar 2020 nach nur 14 Monaten ihren Rückzug aus dem Parteivorsitz an. Als sie schließlich im Januar 2021 das Amt des Parteivorsitzenden an Armin Laschet abgab, fand Angela Merkel kein öffentliches Dankeswort an ihre ehemalige Generalsekretärin und Nachfolgerin im Amt. Das zeigt das Ausmaß der Zerrüttung. Die rüde Behandlung einer unbotmäßigen ehemaligen Mitarbeiterin zeigt aber auch den unbeugsamen Machtwillen Angela Merkels selbst am Ende ihrer Kanzlerschaft.

Bei der Bewerbung um den Parteivorsitz wiederholte sich im Januar 2021 die knappe Niederlage von Friedrich Merz, diesmal gegen Armin Laschet. Unter den Delegierten fand Merz vor allem dort Unterstützung, wo die Stimmung gegenüber der Politik von Angela Merkel kritisch war und vergangene Stimmeneinbußen besonders schmerzlich gewesen waren. Armin Laschet siegte auch deshalb knapp, weil er den Kurs von Angela Merkel in der Vergangenheit stets vorbehaltlos unterstützt hatte. Seine Wahl war die klare Aussage, dass für eine knappe Mehrheit der Delegierten die Öffnung der CDU nach links weitergehen werde und solle.

Der für die CDU sehr ungünstige Ausgang der Landtagswahlen in Baden-Württemberg und Rheinland-Pfalz zeigte im März 2021, dass der neue Parteivorsitzende Armin Laschet nicht ohne Weiteres neuen politischen Rückenwind für die CDU bedeutete. Die Zweifel an ihm bekamen wenige Wochen später neue Nahrung, als er sich nur mühsam gegen den bayerischen Ministerpräsidenten Markus Söder als Kanzlerkandidat der Union für die Bundestagswahl im September 2021 durchsetzen konnte.

Bei diesem Machtkampf ergab sich Söders Stärke nicht nur aus seinem rüden Temperament und der unterhaltsamen Sicherheit, mit der er auf der Klaviatur der öffentlichen Meinung spielte. Die Auseinandersetzung um die inhaltliche Ausrichtung der CDU hatte zweimal im Abstand von nur 14 Monaten mit der Niederlage von Friedrich Merz beim Kampf um den Parteivorsitz geendet. Nur wenige Monate später sahen die im Richtungskampf Unterlegenen bei der Bestimmung des Kanzlerkandidaten ihre Chance erneut gekommen. Obwohl Markus Söder an seiner Loyalität zu Angela Merkel nie einen Zweifel aufkommen ließ, verkörperte er doch die Hoffnungen jener, die sich eine konservativere Ausrichtung der Union wünschen.

Angela Merkel hat die Union nachhaltig zum linken und grünen Milieu hin geöffnet. Das ist ein zentrales Ergebnis ihrer Zeit als Parteivorsitzende und Bundeskanzlerin. Ein großer Teil der Parteimitglieder und der Wähler der Union hat sich damit aber bis heute nicht ausgesöhnt. Die Entstehung der AfD und der Verlust der Fähigkeit, unter Führung der Union bürgerliche Mehrheiten zu bilden, zählen zu den machtpolitischen Folgen. Wie diese Neupositionierung der Union für ihre Machtoptionen und ihre Zukunftschancen als Volkspartei langfristig wirkt, ist gegenwärtig noch offen. Sicher ist jedenfalls, dass vielen bürgerlichen Wählern auf diese Art die politische Heimat verloren ging. Die damit verbundenen politischen und gesellschaftlichen Risiken sind das problematische Erbe Angela Merkels für Deutschland und für die deutsche Parteienlandschaft.

Das Fatale ist, dass die Problematik ihres Erbes in der Union nicht offen diskutiert werden kann, solange sie als Bundeskanzlerin amtiert. Damit fehlen dem Wahlkampf der Union für den Herbst 2021 die eigentlich wesentlichen und zentralen Themen. Die auch im Wahlkampf andauernde Amtszeit Angela Merkels verhindert, dass aus der CDU/CSU grundsätzliche Kritik an ihrem Kurs geäußert werden kann. Das sorgt für einen verdrucksten Wahlkampf, der die krassen Fehler und blinden Flecken ihrer Politik weitgehend ausklammert. So wird es Angela Merkel voraussichtlich gelingen, ihr fragwürdiges Erbe über den Wahlkampf hinaus in die Zukunft zu retten.

Die Bilanz der verpassten Möglichkeiten

Regierungsprogramme, die eine politische Partei vor einer wichtigen Wahl präsentiert, darf man nicht allzu sehr auf die Goldwaage legen, schließlich soll ja eine Wahl gewonnen werden. Wenn allerdings eine Partei unter derselben Vorsitzenden und Regierungschefin 16 Jahre lang ununterbrochen regiert, kann sie sich jedenfalls auf einen Mangel an Chancen, das Angekündigte auch umzusetzen, nicht berufen.

In einer funktionierenden Demokratie ist es äußerst selten, dass eine Regierung anderthalb Jahrzehnte lang das exakte Gegenteil von dem tut, was ihre tragende Partei vorher im Regierungsprogramm angekündigt hatte. Genau das ist aber in Deutschland mit der von der CDU/CSU geführten Bundesregierung unter der Bundeskanzlerin Angela Merkel geschehen. Dies zeigt sich, wenn man zentrale Aussagen des Wahlprogramms der CDU/CSU vom Juli 2005 mit der Realität des Jahres 2021 konfrontiert:

Staatsverschuldung

2005 beklagte das Wahlprogramm der CDU/CSU einen »verhängnisvollen Marsch in den Schuldenstaat«: »Deutschland lebt von der Substanz. Wir leisten uns mehr, als wir leisten. Die Staatsverschuldung liegt mit unvorstellbaren 1,4 Billionen Euro auf Rekordhöhe.«[2] 16 Jahre später beträgt die Staatsverschuldung 2,35 Billionen Euro, von Entschuldung also keine Spur – stattdessen eine Zunahme von 950 Milliarden Euro. Die Quote der Staatsschulden am BIP lag 2005 bei 67 Prozent, 2021 liegt sie bei 71 Prozent.[3] Dabei sind die seitdem neu eingegangenen Risiken und Verpflichtungen gegenüber der EU und der Europäischen Währungsunion noch nicht einbezogen.

Steuerpolitik

Das Wahlprogramm forderte: »Ein neues zukunftsfähiges Steuerrecht ist eines der zentralen Ziele unserer Politik.« Deutschland brauche »einen steuerpolitischen Neuanfang (…) Wir setzen zum 01.01.2007 eine Reform der Einkommen- und Körperschaftsteuer in Kraft. Bei der Lohn- und Einkommensteuer senken wir den Eingangssteuersatz auf 12 Prozent und den Spitzensteuersatz auf 39 Prozent.«[4]

16 Jahre später liegt der Eingangssteuersatz bei 14 Prozent und der Spitzensteuersatz bei 45 Prozent. In der Summe ist der Anteil der Steuern und Sozialabgaben am BIP, die sogenannte Abgabenquote, von 37,9 Prozent auf 40,6 Prozent gestiegen. Mit diesem Anstieg der Abgabenquote hat der von einer CDU-Bundeskanzlerin geführte Staat seine Hand auf jährlich 96 Milliarden Euro gelegt, die sonst in

den Taschen der Bürger verblieben wären. Außerdem ist der Staatshaushalt durch die niedrigen Zinsen in gigantischer Weise entlastet worden. Im Vergleich zu 2005 beläuft sich dieser Entlastungsbetrag auf jährlich 70 Milliarden Euro. Dieses Polster wurde vollständig verbraucht für die Finanzierung der unablässig steigenden Sozialausgaben.

Wirtschaftswachstum, Produktivität

Das Regierungsprogramm von 2005 beklagte: »Deutschland hat seine wirtschaftliche Dynamik verloren. Das durchschnittliche Wachstum der letzten sieben Jahre hat sich gegenüber 1990–1998 fast halbiert. (…) Deutschland zehrt von seiner Substanz.«[5]

16 Jahre später muss man feststellen, dass das älter werdende Deutschland nach wie vor nur langsam wächst. Im internationalen Vergleich verliert die deutsche Wirtschaft ständig an Gewicht. Insbesondere die Arbeitsproduktivität hat in der Regierungszeit Angela Merkels mit einem durchschnittlichen jährlichen Wachstum von 0,5 bis 1 Prozent nahezu stagniert. Die in den letzten Jahren verstärkte Zuwanderung hat offenbar das Produktivitätswachstum nicht positiv beeinflusst.

Digitalisierung

Im Regierungsprogramm hieß es 2005: »Wir bauen E-Government zu einem umfassenden Angebot für Unternehmen und Bürger aus. (…) Wir wollen dem Bürger die staatlichen Verwaltungsleistungen rund um die Uhr ohne Gang zur Behörde erschließen. Nicht die Bürger sollen laufen, sondern die Daten.«[6]

16 Jahre später und mit den Erfahrungen der Corona-Pandemie bieten solche Sätze einen Anlass zur Heiterkeit.

Nicht zuletzt aufgrund des übertriebenen und falsch angelegten Datenschutzes droht Deutschland zu einem digitalen Entwicklungsland zu werden. Es fand sich offenbar anderthalb Jahrzehnte lang niemand in der von Angela Merkel geführten Bundesregierung, der die Kraft gehabt und sich die Mühe gemacht hätte, die technischen Möglichkeiten der Digitalisierung und die Belange des Datenschutzes sinnvoll miteinander zu verbinden. Dazu reicht es jedenfalls nicht, eine verdiente Abgeordnete, die ein politisches Amt bekommen sollte, zur »Staatsministerin für Digitalisierung« im Kanzleramt zu machen und ansonsten den Dingen ihren Lauf zu lassen. Was dabei herauskommt, sieht man am langen Leidensweg für die elektronische Gesundheitskarte.

Kernenergie

Im Regierungsprogramm der CDU/CSU hieß es 2005: »Wir brauchen die Kernkraft auch in Deutschland und stellen die Weichen für eine gesicherte Entsorgung. Die Betriebsdauer der deutschen Kernkraftwerke soll sich ausschließlich an der Gewährleistung des größtmöglichen Sicherheitsniveaus jedweder Anlage orientieren. Die durch längere Laufzeiten der Kernkraftwerke resultierende höhere Rendite muss sich auch in niedrigeren Strompreisen niederschlagen Wir wollen eine offene Energie-Forschung, die nichts ausklammert. Ideologische Scheuklappen werfen Deutschland im internationalen Wettbewerb zurück.«[7]

Bekanntlich kam es ganz anders, und Angela Merkel stand dabei an der Spitze. Je mehr die Bekämpfung des Klimawandels an sachlicher und politischer Dringlichkeit gewinnt, umso mehr erweist es sich als fatale Fehlentscheidung der deutschen Energie- und Klimapolitik, die grundlastfähige Kernenergie bei der deutschen Energieversorgung prinzipiell auszuschließen. Deutschland geht dabei unter den bedeutenden Industriestaaten auch international einen Sonderweg.

Der Generaldirektor der Kernenergiebehörde der OECD, William D. Magwood, sagte im April 2021 zu diesem deutschen Sonderweg: »Das wesentliche Ziel ist es, die Weltwirtschaft zu dekarbonisieren. Und ich bin mir absolut sicher, dass Kernenergie dabei eine große Rolle spielen wird. (…) Es ist gar keine Frage, ob die Kernenergie in Zukunft eine Rolle spielt – die einzige Frage ist, welche Art von Reaktoren langfristig wo gebaut wird. (…) Deutschland manövriert sich gerade in eine unglückliche Situation, weil es seine Forschung, seine Lehre und sein Wissen verliert. Und sollten die Deutschen in 20 Jahren feststellen, dass angesichts des steigenden Strombedarfs und der höheren Anforderungen an die Dekarbonisierung an der Atomkraft kein Weg vorbeiführt, dann müssen sie die Technologie zu hohen Kosten aus dem Ausland kaufen und haben vielleicht nur wenige Optionen, welche Technologien sie kaufen und von wem sie diese erwerben können.«[8]

Zuwanderung

Im Regierungsprogramm hieß es 2005: »Es gibt (…) Zuwanderer aus fremden Kulturkreisen mit erheblichen Integrationsdefiziten. Weit überdurchschnittliche Arbeitslosenquoten, viele Migrantenkinder ohne schulischen Abschluss, Ghettobildung und eine Entwicklung von Parallelgesellschaften und eine häufig selbst gewählte Abgrenzung ausländischer Jugendlicher von der deutschen Gesellschaft sind Alarmsignale für den sozialen Frieden im Land. Das Zuwanderungsgesetz allein kann die strukturellen Integrationsdefizite nicht beheben. (…) Wir werden die Zuwanderung in den Arbeitsmarkt auf Mangelberufe und auf Ausländer begrenzen, die in Deutschland zu Spitzenleistungen in Wissenschaft und Forschung, Wirtschaft und Kultur beitragen können.«

Dieser Text trug damals die Unterschrift der Parteivorsitzenden Angela Merkel. Im Jahre 2021 – 16 Jahre später – würde eine Partei, die solche Sätze in ihr Wahlprogramm aufnimmt, von vielen Medien des Rechtsradikalismus verdächtigt werden. Da muss man sich nicht wundern, wenn viele frühere Wähler und viele Mitglieder der Union, die auch heute noch ähnliche Ansichten haben, sich in der CDU/CSU heimatlos und von Angela Merkel ganz persönlich getäuscht fühlen.

Diese Beispiele zeigen: Angela Merkel hat in ihrer langen Regierungszeit zahlreiche – und gerade die wesentlichen – Aussagen des Regierungsprogramms, mit dem sie 2005 an die Macht gekommen war, in ihr Gegenteil verkehrt. *Sie ist ein anschauliches Beispiel dafür, wie flexibel ein machtbewusster Politiker sein kann und wie gut die Wähler und Bürger daran tun, wenn sie jenen Politikern, die um ihre Stimmen werben, zunächst einmal gar nichts glauben.*

Angela Merkel war bei dieser umfassenden Abwendung von ihrem ursprünglichen Regierungsprogramm keine Getriebene. Ihr tragendes Prinzip waren offenbar nicht irgendwelche Inhalte, sondern der Erwerb und die Sicherung politischer Macht. Sie hat ihr Verweilen in der Sphäre der Macht mit System dadurch verlängert, dass sie immer rechtzeitig die Witterung des Zeitgeists aufnahm und sich ihm so fügte, wie sie ihn interpretierte. Um ein berühmtes Bonmot aus der amerikanischen Präsidentschaftswahl 1961 aufzugreifen, das damals gegen den republikanischen Kandidaten Richard Nixon gerichtet war: Von dieser Frau würde ich keinen gebrauchten Wagen kaufen.

In den letzten 16 Jahren hätte Angela Merkel an den oben aufgezeigten strategischen Weggabelungen der deutschen Politik anders entscheiden können, als sie es getan hat. Dass sie sich so entschied, wie sie entschied, prägt unsere Gegenwart und unsere Zukunft. Das Wirken Angela Merkels ist der Beweis dafür, dass Politik auch in der Gegenwart wesentliche Räume eigener Gestaltung hat. Es ist eben keineswegs gleichgültig, welche Personen hohe Staatsämter innehaben.

Für die eher linksgerichtete Hälfte von Bevölkerung und Wählerschaft war Angela Merkel die beste Kanzlerin, die sie haben konnte. Für die Grünen war sie ein Lebenselixier. Für die SPD und möglicherweise auch für die Zukunftschancen der CDU wurde sie zum Todesengel. Die radikale Abgrenzung von der AfD macht die CDU auf lange Sicht zum babylonischen Gefangenen linker und grüner Koalitionspartner, ohne die sie weder im Bund noch in den Ländern regieren kann. Leider hat die AfD die ihr vom Wähler zugewiesene Korrekturfunktion durch radikale Tendenzen und Deutschtümelei behindert. So wurde sie zum universalen Sündenbock deutscher Politik. Darüber sollte nicht in Vergessenheit geraten, dass die AfD ihre Entstehung und ihre relative Stabilität in der Wählergunst ausschließlich der Politik Angela Merkels verdankt.

Kapitel 2

Das Moralische in der Politik

Für die Moral politischen Handelns traf Max Weber die Unterscheidung zwischen Gesinnungs- und Verantwortungsethik: Es »ist ein abgrundtiefer Gegensatz, ob man unter der gesinnungsethischen Maxime handelt – religiös geredet: ›der Christ tut recht und stellt den Erfolg Gott anheim –, *oder* unter der verantwortungsethischen: dass man für die (voraussehbaren) *Folgen* seines Handeln aufzukommen hat«.[1] Mit dieser Unterscheidung zeigt er die Grenzen moralischer Betrachtung in der Politik auf: »Keine Ethik der Welt kommt um die Tatsache herum, dass die Erreichung ›guter‹ Zwecke in zahlreichen Fällen daran gebunden ist, dass man sittlich bedenkliche oder mindestens gefährliche Mittel und die Möglichkeit oder auch die Wahrscheinlichkeit übler Nebenerfolge mit in Kauf nimmt, und keine Ethik der Welt kann ergeben: wann und in welchem Umfang der ethisch gute Zweck die ethisch gefährlichen Mittel und Nebenerfolge ›heiligt‹.«[2]

Konsequent gesinnungsethisch forderte der Präses der Evangelischen Kirche in Deutschland, Bischof Heinrich Bedford-Strohm, im April 2015 die Staaten der EU auf, »dem Schleuserwesen (...) durch mehr legale Wege in die EU schnell und effektiv den Boden zu entziehen (...) Flüchtlinge« sollten »in Europa in großem Umfang neu angesiedelt werden.« Der unvermeidbaren Konsequenz, dass sich damit noch mehr Menschen aus Afrika auf den Weg machen und sich auf gefährliche Boote begeben, entzog er sich.[3] Seine Perspektive zielte nicht auf die Folgen des von ihm vorgeschlagenen Handelns, war also nicht verantwortungsethisch. Die Empörung, die er wie viele andere artikulierte, weiß keinen inhaltlichen Rat, sie »macht sich ein gutes Gewissen, indem sie anderen ein schlechtes macht«.[4]

In Fragen der Moral lässt der Mensch nicht mit sich spaßen. Humor hat er meist nur dort, wo es um die Moralvorstellungen anderer, nicht aber um die eigenen geht. Unter Moral verstehe ich dabei nicht nur ethische Verhaltensvorschriften und ethische Urteile im engeren Sinn, sondern die gesamte Bandbreite der werthaften und auf Werturteile gestützten Haltung zur Welt, zum Mitmenschen, zur Gesellschaft und zur eigenen Rolle und Aufgabe im Leben. Moral kann religiös begründet sein, zwingend ist das aber nicht. Auch ein Atheist kann starke moralische Gefühle haben. Moralische Einstellungen lassen sich weder beweisen noch rational hinterfragen. Sie beruhen auf Werturteilen, die im vorrationalen Raum entstehen und rational allenfalls im Hinblick auf ihre logische Vereinbarkeit oder Widersprüchlichkeit hinterfragt werden können. Natürlich bewegen sich Werturteile und die auf ihnen gründende Moral nicht im luftleeren Raum. Sie ergeben sich einerseits aus der angeborenen teils identischen, teils individuell unterschiedlichen Natur des Menschen und andererseits aus dem Gesamtfeld der sozialen, kulturellen und religiösen Einflüsse, die von Geburt an auf ihn einwirken.

Moralische Einstellungen in einer Gesellschaft können sich im Zeitablauf ändern. Sie unterscheiden sich zudem nach sozialer Gruppe, Stamm, Volk, Kulturkreis und Religion, und diese Unterschiede können sehr stark und langlebig sein. Die Ansichten zur Nachhaltigkeit und Verwurzelung solcher Unterschiede gehen weit auseinander:

- Universalisten, zu denen viele linke Journalisten, Ökonomen, aber auch Theologen zählen, halten solche Unterschiede zwischen Kulturen, Völkern und Gesellschaften eher für einen dünnen Firnis, unter dem nach einiger Anpassung dann doch die Einheit der menschlichen Natur hervortritt. Zudem halten sie solche Unterschiede für historisch überholt und glauben, dass ihre Bedeutung in der modernen Welt schnell zurückgeht. Thomas L. Friedman kleidete diese Auffassung in das schöne Bild, dass die Welt durch immer neue Schübe von Globalisierung immer flacher wird. Er glaubt, dass sich Kulturen und Gesellschaften aufgrund dieser Kräfte universal angleichen.[5]

- Viele Historiker, Kulturwissenschaftler und Politikwissenschaftler meinen dagegen, dass kulturelle, ethnische und religiöse Unterschiede ein großes Beharrungsvermögen haben und dass die Kräfte der Globalisierung und der technischen Entwicklung eher zu lang anhaltenden verschärften Gegensätzen entlang kultureller und religiöser Grenzen führen werden. Samuel P. Huntington schrieb dazu: »Für Menschen, die ihre Identität suchen und ihre Ethnizität neu erfinden, sind Feinde unabdingbar, und die potenziell gefährlichsten Feindschaften begegnen uns an den Bruchlinien zwischen den großen Kulturen der Welt.«[6]

Die Diskussion über Bedeutung und Nachhaltigkeit solcher Unterschiede ähnelt unter sachkundigen und verständigen Diskussionspartnern ein bisschen der Diskussion darum, ob ein Glas halb voll oder halb leer ist. Betrachtet man die anhaltenden Konflikte in der islamischen Welt und deren Zusammenstoß mit der westlichen Kultur, so gewinnt Huntingtons pessimistische Sicht seit einigen Jahrzehnten an Gewicht. Es ist der rational weder zu begründende noch zu widerlegende Charakter solcher Unterschiede, ihre rein emotionale oder (vom religiösen Standpunkt) metaphysische Sicht, die zahlreiche Debatten so fruchtlos wie hitzig macht, was zudem oft dazu führt, dass diese Debatten gar nicht erst stattfinden oder nur zum Schein ausgetragen werden. Damit sind wir bereits am vorrationalen Kern der moralischen Begründung von Politik angelangt.

Im Sinne eines Werturteils benenne ich zwei moralische Prinzipien, die ich meinen Betrachtungen zugrunde lege. Das sind die utilitaristische Maxime des englischen Philosophen Jeremy Bentham, es gehe darum, das »größte Glück der größten Zahl« zu verwirklichen, und der kategorische Imperativ Immanuel Kants, wonach jeder sein individuelles Handeln so ausrichten soll, dass es jederzeit als allgemeiner Maßstab gelten kann. Auch meine Entscheidung für diese beiden Prinzipien ist weder beweisbar noch widerlegbar und in diesem Sinne vorrational.

Der vorrationale Charakter politischer Grundeinstellungen

Zum vorrationalen Charakter moralischer Einstellungen bemerkte der schottische Philosoph David Hume 1739: »Die Sittlichkeit erregt Affekte und erzeugt oder verhindert Handlungen. Die Vernunft allein ist aber hierzu ganz machtlos; die Sittenregeln sind folglich keine Ergebnisse unserer Vernunft.«[7] Darum könne man Moral auch nicht mit Vernunft begründen. Vernunft bewege sich in den Kategorien von Wahr oder Falsch, Moral dagegen in den Kategorien von Gut oder Böse. »Nach allem diesem ist es unmöglich anzunehmen, dass die Unterscheidung zwischen dem sittlich Guten und dem sittlich Bösen durch die Vernunft gemacht werde.«[8] Hume gesteht der rationalen Vernunft keine eigenständige Rolle für das menschliche Handeln zu, er sieht sie vielmehr als eine Art Vollzugsorgan der menschlichen Gefühle und Leidenschaften: »Die Vernunft ist nur der Sklave der Affekte und soll es sein; sie darf niemals eine andere Funktion beanspruchen als die, denselben zu dienen und zu gehorchen.«[9] Als Diener der Gefühle ist die rationale Vernunft für den Menschen allerdings unverzichtbar: »Es bleibt uns also nur die Wahl zwischen falscher Erkenntnis oder gar keiner.«[10]

Der 29 Jahre alte David Hume veröffentlichte sein Werk *A Treatise of Human Nature* 1740 unter Pseudonym und bekannte sich (wohl aus Sorge vor einer Skandalisierung durch Theologen und Moralphilosophen) erst Jahrzehnte später dazu. Er hätte sich nicht sorgen müssen, denn es fand zunächst kaum Beachtung, und die zweite Auflage erschien erst 1817, vier Jahrzehnte nach seinem Tod. Indem Hume zeigte, was die menschliche Vernunft nicht vermag, wies er ihr zugleich den Platz zu, wo sie fruchtbar sein kann: die Welt mit den Mitteln von Empirie und Logik im steten Bewusstsein der eigenen Grenzen kritisch zu erforschen.[11] Humes Denken ist ein Vorläufer der modernen Erkenntnistheorie, wie sie einige Jahrzehnte später von Immanuel Kant entwickelt und schließlich von Karl Popper zum Kritischen Rationalismus fortgeführt wurde.[12]

Vereinfacht ausgedrückt, treffen die menschlichen Passionen und Gefühle eine Entscheidung oder fällen ein Urteil, und die Aufgabe, Entscheidung oder Urteil rational nachvollziehbar zu begründen, wird dann an den Verstand quasi delegiert. Wegen dieser Gefühlsbindung löst es bei manchen eine geradezu atavistische Wut aus, wenn man mit rationalen Argumenten gegen Positionen angeht, deren Begründung auf der Gefühlsebene liegt. Auch die klassische Positionierung der menschlichen Ansichten zu Politik und Gesellschaft auf der Skala von links bis rechts – bei denen es sich im Kern um moralische Ansichten handelt – folgt grundsätzlich vorrationalen Entscheidungen auf der Gefühlsebene und sucht jeweils die passenden, dem menschlichen Verstand zumutbaren Rationalisierungen, die aber nicht die tatsächlichen Gründe darstellen. Einem schönen Bild von Jonathan Haidt folgend ist der bewusste Verstand wie der Reiter auf einem Elefanten: Der Elefant (unsere Gefühle und Leidenschaften) geht, wohin er will. Der Reiter auf dem Elefanten erfindet die rationalen Gründe für die vom Elefanten eingeschlagene Richtung und glaubt am Ende sogar, er habe den Elefanten in diese Richtung gelenkt.[13]

Die moralischen Gefühle haben sich im Verlauf der menschlichen Evolution entwickelt; in ihrer Widersprüchlichkeit zwischen Individualität und Gruppenbezug sowie zwischen Egoismus und Altruismus sind sie ein Ergebnis des Prozesses der natürlichen Selektion. Diese belohnt als *Individualselektion* individuelle Fitness, aber auch Egoismus, sofern er Überlebenswert hat,[14] und als *Gruppenselektion* belohnt sie altruistisches, gruppenbezogenes Verhalten, soweit dies relative Überlebensvorteile für die eigene Gruppe mit sich bringt.[15] Entsprechende Selektionsmechanismen können bei der Änderung von Rahmenbedingungen sehr schnell wirksam werden und sind deshalb auch schon für relativ kurze Zeiträume der menschlichen Geschichte relevant.[16] Charles Darwin fasste 1871 den evolutionären Ursprung der Moral wie folgt zusammen: »Schließlich entsteht unser moralisches Gefühl, oder unser Gewissen; ein äußerst kompliziertes Empfinden, entsprungen den sozialen Instinkten, geleitet von der Anerkennung unserer Mitmenschen, geregelt von Verstand, Eigennutz und, in späteren Zeiten, von tiefen religiösen Gefühlen, und befestigt durch Erziehung und Gewohnheit.«[17]

Diese seherische Einschätzung ist auch heute noch gültig.[18] Genetisch vorgegeben sind die Tatsache moralischer Gefühle und ihr Spektrum. Ihre Gewichtung ist dagegen ferner bestimmt durch Erziehung und Gewohnheit. So werden Unterschiede zwischen Kulturen und Gesellschaften und Änderungen im Zeitablauf erklärlich.

Die Skala moralischer Werte lässt sich in Gegensatzpaaren abbilden, die die Extrempunkte einer breiten Skala von Abstufungen darstellen. Jonathan Haidt entwickelt sechs Gegensatzpaare auf der Skala moralischer Werte:[19]

- Fürsorge (*care*) / Schaden (*harm*)
- Freiheit / Unterdrückung
- Fairness / Betrug
- Loyalität / Verrat
- Autorität / Umsturz (*subversion*)
- Heiligkeit (*sanctity*) / Herabwürdigung (*degradation*).

Der zuletzt genannte Wert ist vielleicht am wenigsten aus sich heraus verständlich. Er umfasst heilige Güter, zunächst das Göttliche und Religiöse, aber auch klassische Tabus wie das Inzesttabu oder die Verehrung nationaler Symbole, bei konservativen Royalisten beispielsweise die Verehrung der Queen oder bei Nationalisten die Verehrung nationaler Symbole wie die Nationalflagge. Wo Kulturen und Religionen diesen letzten Werten eine besondere Bedeutung beimessen, kann es gewalttätige Auseinandersetzungen geben, wenn andere sich die Freiheit nehmen, sich zu »heiligen« Werten kritisch oder gar spöttisch zu äußern.

Die Einstellungen zu diesen Werten weisen einen inneren Zusammenhang auf. Ihre Gewichtung ändert sich kontinuierlich mit der Einstufung von Befragten zwischen links (im amerikanischen Wortsinn von »liberal«) und konservativ. Die

Werte für Fürsorge und Fairness fallen leicht ab, wenn eine Person konservativ ist. Auf der anderen Seite fallen die Werte für Loyalität, Autorität und Heiligkeit noch viel krasser ab, wenn eine Person links (im amerikanischen Wortsinn also »liberal«) ist. Im Ergebnis werden auf der linken Seite des Meinungsspektrums Fürsorge und Fairness weitaus höher gewertet als Loyalität, Autorität oder Heiligkeit. Auf der konservativen Seite des Meinungsspektrums liegen dagegen alle Werte wesentlich enger zusammen.

»Linke« (»liberale«) und »konservative« beziehungsweise »rechte« Grundeinstellungen unterscheiden sich dadurch, dass sie diesen sechs Werten unterschiedliches Gewicht beimessen:

- Amerikanische »Liberals« achten die Werte *Fürsorge, Freiheit* und – nicht ganz so stark – *Fairness* sehr hoch. Dagegen ist ihre Wertschätzung der konservativen Werte *Loyalität, Autorität* und *Heiligkeit* eher lau.[20]
- Amerikanische Radikalliberale (Libertarians) halten einseitig den Wert *Freiheit* und ein wenig auch den Wert *Fairness* hoch. Zu allen übrigen Werten verhalten sie sich lau.[21]
- Sozial Konservative dagegen geben allen sechs Werten ein in etwa gleiches Gewicht.[22]

Das Wertesystem jeder Gesellschaft (und eines jeden Individuums) ist stets eine Mischung aus den sechs Werten. Tatsächlich beobachten wir in den westlichen und den vom Westen kulturell beeinflussten Gesellschaften eine säkulare Verschiebung in Richtung liberaler Werte, teilweise auf Kosten konservativer Werte. Dies hat den Ausbau bürgerlicher Freiheiten und die Entwicklung des Sozialstaats begünstigt. Eine funktionierende Gesellschaft bedarf allerdings stets einer situationsbezogenen und historisch angemessenen Balance zwischen allen Werten. Diese immer wieder neu zu finden und in die Wirklichkeit umzusetzen, ist auch eine Aufgabe von Politik.[23]

Steven Pinker hat anhand unterschiedlicher Werteskalen, darunter auch jener von Haidt, gezeigt, dass der von ihm vielfältig dokumentierte Rückgang von Gewalt seit vielen Jahrhunderten mit der Ausbreitung liberaler, humanistischer Werte einhergeht. Er hofft, dass sich diese Entwicklung als Megatrend auch in Zukunft fortsetzt.[24] Im Durchschnitt sind Linke (im amerikanischen Wortsinn »Liberals«) gebildeter und intelligenter als Konservative. Pinker hat die Hoffnung, dass künftige Intelligenzgewinne, die durch bessere Erziehung erreicht werden, die heute zwischen Völkern und Gruppen gemessenen Intelligenzunterschiede (die er auf Umweltfaktoren zurückführt) verschwinden lassen, und es zur weiteren Ausbreitung vernünftigen Denkens (*abstract reasoning*) kommt, was wiederum friedliebenden, freiheitlichen Einstellungen und einer entsprechenden Politik förderlich ist.[25] Dieser Optimismus ist Steven Pinker zu gönnen. Er hat ihn sich am Ende seines stupenden Werks über den Rückgang von Gewalt und die Ursachen dieses Rückgangs quasi verdient. Ich teile seine Hoffnung allerdings nur begrenzt. Es bleibt für mich grundsätzlich offen, wie sich eine Balance der Werte in einer konkreten Gesellschaft künftig entwickelt. Schließlich müssen Staaten, Gesellschaften und Wirtschaftssysteme ja auch »funktionieren«. Es kann niemals ausgeschlossen werden, dass die wirtschaftlichen und sozialen Fundamente einer Gesellschaft beschädigt oder gar zerstört werden, wenn sich die herrschenden Werte anders entwickeln, als es den Funktionsbedingungen der aktuellen Gesellschaft entspricht.

Ich habe mich in diesem Abschnitt mit der Prägung politischer Einstellungen durch moralische Werte befasst und den vorrationalen Ursprung dieser Werte erörtert. Eine ganz andere (hier nicht behandelte) Frage ist es, ob sich Politiker moralisch verhalten und welchen Anreiz sie dazu haben. Auch handelnde Politiker sind Teil der Gesellschaft und keine höheren Wesen. Erich Fromms Klage, »dass die vom System hervorgebrachte Selbstsucht Politiker veranlasst, ihren persönlichen Erfolg höher zu bewerten als ihre gesellschaftliche Verantwortung«, ist also einerseits berechtigt, stößt aber andererseits ins Leere.[26]

Politik und Religion

Unter dem Eindruck wiederkehrender Akte gewalttätigen Terrors drängt sich seit 20 Jahren die Frage nach der künftigen Rolle des fundamentalistischen Islam in den Vordergrund. Möglicherweise trifft es zu, was der Historiker Heinrich August Winkler vermutet: »Im Rückblick scheint der Terrorangriff auf die USA vom 11. September 2001 die Inhaltsanzeige des 21. Jahrhunderts zu sein.«[27] Politisches Handeln kann aus unterschiedlichsten religiösen Überzeugungen legitimiert und kritisiert werden. Das ist Teil des demokratischen Prozesses. In endlosen Religionskämpfen haben westliche demokratische Gesellschaften letztlich eine weitgehende Trennung der politischen und der religiösen Sphäre erreicht und damit die friedliche Koexistenz unterschiedlichster religiöser Überzeugungen in einer Gesellschaft ermöglicht. Diese Trennung ist in keinem Land mit muslimischer Mehrheit verwirklicht. Heinrich August Winkler weist darauf hin, dass es eine solche Trennung selbst in der relativ demokratischen Türkei nicht gibt, sondern dass dort »eine Verstaatlichung des Islam durch eine Behörde« erfolgt, »die inzwischen unter die Kontrolle der regierenden AKP gekommen ist«.[28] (Diese

Behörde, die DITIB – Türkisch-Islamische Union der Anstalt für Religion e.V.–, verwaltet auch die meisten Moscheen in Deutschland und stellt ihre Imame.)

Eine Trennung der staatlichen und religiösen Sphäre lässt sich aus den Texten des Islam nicht ableiten. Dort bildet vielmehr die Gemeinschaft der Gläubigen – die Umma – auch die staatliche Gemeinschaft; und das religiöse Gesetz – die Scharia – ist auch das weltliche Gesetz. Die historische Wurzel für Gewalt und Unterdrückung im Namen der Religion findet sich im Koran selbst.[29] Es gab und gibt zwar immer wieder Versuche, den Islam durch eine textkritische Interpretation des Korans mit pluralistischen, demokratischen Werten zu versöhnen und insofern mit der modernen, demokratischen Industrie- und Wissensgesellschaft kompatibel zu machen. Allerdings waren solche Versuche für die entsprechenden Denker schon immer sehr gefährlich, wozu Abdel-Hakim Ourghi (Professor für Islamische Theologie an der Pädagogischen Hochschule Freiburg) einige Beispiele liefert: »Am 18. Januar 1985 wurde der sudanesische Mystiker Mahmud Taha im Alter von 75 Jahren vor Tausenden Zuschauern gehängt. Die Anklage des Obersten Gerichts des Sudan lautete ›Apostasie‹. Die Empörung darüber war in der westlichen Welt einvernehmlich. Muslimische Gelehrte hingegen beglückwünschten die Machthaber im Sudan zur Exekution des ›Ketzers‹ und ›Gottesfeindes‹.« Für Taha war nur ein Teil des Korans »zeitlos, weil er universal sinnstiftende Lehren im ethischen Sinne beinhaltet«. Andere Teile dagegen, in denen zur Gewalt aufgerufen wird, seien nur aus dem historischen Kontext der Entstehungszeit zu erklären. Es sind jene Teile, die bis heute Extremisten als Legitimationsgrundlage dienen.

Der islamistische Terror, so Ourghi, »beruft sich (...) auf eine gewalttätige, theologisch gut fundierte Ideologie, die als eine Rezeption der Ideengeschichte der Gewalt gelten muss«.

Deshalb sei »die Gefahr des gewalttätigen politischen Islam im Namen Allahs (…) nicht durch die Unterscheidung zwischen muslimischen Extremisten auf der einen und dem friedfertigen Islam auf der anderen aus der Welt zu schaffen«. Auch »die bequeme Betrachtung, dass die Extremisten keine Muslime seien«, hält er für naiv.[30] Diese Einschätzung teilen viele islamische Wissenschaftlicher und Schriftsteller in Deutschland und Europa. Man kann nur hoffen, dass diese Debatte die Mehrheit der Muslime in Europa ergreift und sie selber den Sumpf austrocknen, in dem der muslimische Extremismus gedeiht.[31] Sicher ist das nicht, zu lange hat die Mehrheitsgesellschaft in Europa verharmlost und weggesehen.[32]

Politik und Gefühl

Großen und kleinen politischen Fragen wie auch den meisten politischen Debatten liegt immer (auch) ein Freund-Feind-Schema zugrunde, denn entweder geht es um Interessen, um Ideen, um Macht oder um eine Mischung von allem. Das Freund-Feind-Schema geht einher mit Gruppenbildung, was mit der Tendenz zu emotional begründeter Anziehung wie ebenso begründeter Abstoßung zu tun hat. So entstehen »Parteien« im ursprünglichen Wortsinn, nämlich als vom Ganzen abgeschiedene Teile. Das ist bei der umstrittenen Schließung eines Kreiskrankenhauses nicht anders als beim Kampf um die Einrichtung einer verkehrsberuhigten Zone und beim Streit um die Zulassung von Genmais gerade so wie beim Streit um »Neurussland« in der Ukraine.

Gefühle sind sowohl Antrieb von Politik als auch ihr Ausdruck, und wenn es besonders emotional zugeht, reicht oft schon das Vorzeigen von Symbolen, um Reflexe emotionaler

Zustimmung oder Ablehnung auszulösen. Ist die Auseinandersetzung über ein politisches Thema erst einmal in Gang gekommen, und haben sich die Parteien geformt, dann suchen die Verstandeskräfte der Beteiligten weniger nach Wahrheit als nach dem passenden Argument, um den Gegner zu schwächen oder zu besiegen. Man nennt das dann Diskurs. Aber ein echter Diskurs findet eher am Rande der politischen Auseinandersetzung statt, wo Menschen miteinander reden, die sich einer Causa noch nicht vollständig verschrieben haben. Solange Beteiligte nicht völlig verbohrt sind, kann man bisweilen mit schlüssigen, einfach nachvollziehbaren Argumenten den Gefühlspanzer durchbrechen, mit dem sie ihre Position abgesichert haben. Wo immer ich politisch tätig war, verwendete ich besonders viel Energie darauf, solche Argumente zu finden und einzusetzen. Wenn sie auch den eigentlichen Gegner nicht zu überzeugen vermochten (das geschieht eher selten), so konnte ihr Einsatz doch die Reihen seiner Unterstützer lichten und über veränderte Kräfteverhältnisse zu einem Kompromiss oder gar zu einem Sieg führen.

Je gefühlsbesetzter ein Thema ist, desto mehr folgt die Debatte dem Freund-Feind-Schema. Besonders hautnah habe ich selbst dies im Herbst 2010 erlebt, als *Deutschland schafft sich ab* erschien und sich offenbar niemand um die darin enthaltenen Analysen und Sachargumente scherte, sondern alles in »Freund« und »Feind« aufgeteilt wurde. Trotz beträchtlicher politischer Erfahrung hätte ich so etwas niemals erwartet. Einer meiner größten Feinde – wenn man Feindschaft an Ton und Inhalt seiner Debattenbeiträge misst – war damals Jakob Augstein, der Herausgeber des *Freitag*. Er war mir persönlich unbekannt, und ich hatte auch noch nie eine Zeile von ihm gelesen. Aber die Wut und der Hass auf mich, die aus seinen Beiträgen sprachen, stachen hervor, und das wollte in der damaligen Debatte etwas heißen. Persönlich begegnete ich ihm erstmals im März 2014 bei der ZDF-Talkshow mit Peter Hahne. Es ging um mein gerade erschienenes Buch *Der neue Tugendterror*. In dieser Diskussion ließ Augstein die Katze aus dem Sack. Meine Argumente interessierten ihn gar nicht, er machte auch keinen ernsthaften Versuch zu ihrer Widerlegung. Sein Vorwurf war, ich würde den falschen Leuten, nämlich Konservativen und Reaktionären, für ihre kritikwürdigen Positionen jene Argumente liefern, auf die sie von selbst gar nicht gekommen wären. Kurzum, aus seiner Sicht war ich objektiv nützlich für eine schlechte Sache, und damit war ich verdammenswert. Da war es völlig gleichgültig, ob ich in der Sache recht hatte oder nicht. So ist das mit Gefühlen in der Politik.

Dazu passt ein anderes Erlebnis: Am 29. Dezember 2013, also über drei Jahre nach dem Erscheinen von *Deutschland schafft sich ab*, saß ich mit weihnachtlichen Gefühlen und Blick auf die verschneiten Berge an meinem Urlaubsort und las die *Frankfurter Allgemeine Sonntagszeitung*. Dort schrieb ein mir bis dahin unbekannter M. Walid Nakschbandi zum Thema Heimatgefühl: »Doch dann kam Thilo Sarrazin. Seitdem verbinde ich dieses Gefühl nicht mehr mit Deutschland. Das zutiefst rassistische Gedankengut dieses sonderbaren Sozialdemokraten (...) hat unsere Gesellschaft gespalten und tiefe Gräben entstehen lassen. (...) Ich wurde emotional ausgebürgert.«[33] Die Fußnote zum Artikel besagte, dass es sich um einen Politikwissenschaftler und Fernsehproduzenten handelte. Seine Aussage offenbarte, dass er mein Buch nie aufgeschlagen hatte. Gefühle – auch das ist ein politisches Gesetz – können eben umso reiner lodern, je weniger ihnen Fakten und Argumente in die Quere kommen.

Gefühle sind in der Politik unentbehrlich. Aber sie können in die Irre leiten und sogar gefährlich sein, wenn sie nicht immer wieder von den eigenen Verstandeskräften mit kritischer Vernunft hinterfragt, relativiert, geordnet und gerichtet werden. Das unterscheidet den Schreihals vom mündigen Bürger, den Mob vom verständigen Wähler und den unkritischen Opportunisten, der mit den Wölfen heult, vom denkenden Individuum mit Zivilcourage. Gefühle sagen uns, wen wir mögen und wen nicht, sie leiten unser Vertrauen und unser Misstrauen. Sie sagen uns, was wir wollen und was wir fürchten. Sie informieren uns über unsere eigenen Interessen und formen unser Bild von der Gesellschaft, in der wir leben wollen, und von den Zuständen, die wir zu vermeiden suchen, weil wir sie verabscheuen. Gefühle haben etwas Machtvolles, und sie können Angst einjagen, wenn sie sich ins Negative wenden und von vielen Menschen geteilt werden. Darum gibt es in Diktaturen keine Versammlungs- und Demonstrationsfreiheit, und darum wurden in Deutschland die Politik und viele Medien von einem moralischen Unwohlsein befallen, als sich um die Jahreswende 2014/15 mit Pegida eine gefühlsgesteuerte Macht erstmals auf den Straßen zeigte. So wollte man sich in den Büros der Politiker und den Redaktionen der Journalisten Politik lieber nicht vorstellen.

Dieses Unwohlsein hat auch einen rationalen Kern: Die Grundsätze rationaler Herrschaft und die Organisationsprinzipien einer modernen Gesellschaft sowie die aus ihnen erwachsenden Handlungskonsequenzen verstoßen nämlich häufig auch dort, wo sie berechtigt oder geboten sind, gegen die menschliche Intuition. So zeigt sich in Umfragen mit großer Konstanz, dass die Menschen die Früchte eines freiheitlichen Wirtschaftssystems zwar gerne genießen, seine Funktionsweise aber mehrheitlich nicht verstanden haben. Es käme eine ziemliche Planwirtschaft heraus, wenn man Märkte nach den Gefühlen einer Mehrheit der Bürger regulieren würde.[34] Auf ganz vielen Gebieten gibt es eine objektive Gefühlslücke zwischen den authentisch empfundenen

Wünschen der Bürger und dem nach rationaler Abwägung gebotenen staatlichen Handeln. Der Sinn der repräsentativen Demokratie soll es sein, dass der Bürger seine Repräsentanten nach Gefühl auswählt, diese aber dann die Möglichkeit haben, in ihre Entscheidungen rationale Erwägungen einfließen zu lassen. Diese Freiheit umschließt denknotwendig auch die Möglichkeit, dass die Repräsentanten nicht nur die Gefühle, sondern auch die Interessen der Wähler vernachlässigen und stattdessen unter dem Vorwand des Gemeinwohls eigene Interessen verfolgen. Um dieses Risiko einzudämmen, muss es systematisch immer möglich sein, die Herrschenden durch einen Gefühlsausbruch ihrer Bürger (der sich bevorzugt an der Wahlurne äußern sollte) von der Macht zu entfernen. Diese Möglichkeit ist der Hauptvorzug demokratischer Regierungsformen.

Politik und Philosophie

Jeder Mensch, der sich nicht weitgehend verstandesfrei nur von seinen persönlichen Wünschen und spontanen Trieben steuern lässt, hat irgendeine Art von Philosophie, nämlich ein Konzept von der Welt und eine Auffassung über seine Rolle und seine Aufgaben darin. Auch Religion gehört in diesem Sinne zur Philosophie. Diese Alltagsphilosophie des Menschen spiegelt die Summe seiner angeborenen Natur, seiner schon wieder halb vergessenen Bildung und aller Einflüsse, die auf ihn sonst eingewirkt haben. Legt er sich Rechenschaft ab und denkt er nach, kann aus der Alltagsphilosophie sogar eine richtige Philosophie werden. In seinem privaten Handeln wird der Mensch umso erfolgreicher sein, je mehr sein so geformtes Weltbild mit der Wirklichkeit übereinstimmt. Für sein politisches Handeln kann er aus dem philosophischen Überbau seiner Weltanschauung langfristige Orientierungslinien gewinnen. Diese Orientierungslinien können falsch oder richtig, verderblich oder gedeihlich, moralisch oder unmoralisch sein. Sie sind niemals irrelevant. Hitler hatte seine Weltanschauung ebenso wie Lenin, Churchill hatte sie auch und Adenauer ebenso. Ajatollah Khomeini hat nach seiner Weltanschauung einen ganzen Gottesstaat gegründet, Ludwig Erhard hat danach die deutsche soziale Marktwirtschaft geformt, und in Schweden hat man nach Vorgaben Gunnar Myrdals in den 1930er-Jahren das Volksheim errichtet und die Geistesschwachen sterilisiert.

Es ist also durchaus wichtig, welche Philosophie einen Politiker trägt, dem man traut oder misstraut, und wenn gar keine Philosophie erkennbar ist, sollte man ihn nicht wählen, denn dann handelt es sich um eine machthungrige Betriebsnudel. Andererseits sollte man philosophische Bekundungen eines Politikers auch nicht überschätzen. Entweder will er sich aus Eitelkeit schmücken, oder es handelt sich um Rationalisierungen seiner persönlichen Weltsicht. Es gab nur wenige wirkliche Philosophen unter den bekannten Herrschern der Welt. Um 170 nach Christus wäre der römische Kaiser Mark Aurel zu nennen, und 1600 Jahre später der preußische König Friedrich II. Bei englischen oder französischen Königen oder russischen Zaren sind philosophische Neigungen nicht bekannt geworden. Dagegen waren die Väter der amerikanischen Unabhängigkeitserklärung allesamt hochgebildet, und sie hatten die Philosophie der englischen Aufklärung verinnerlicht.

Anfang der 1970er-Jahre hatte ich für mich persönlich Karl Poppers Philosophie des Kritischen Rationalismus entdeckt. Bei der SPD gab es damals außer spätmarxistischem Gedankengut keine wirkliche philosophische Begründung von Politik, und so veröffentlichte ich 1975 zusammen mit einigen Freunden einen Sammelband *Kritischer Rationalismus und Sozialdemokratie.*[35] Wir konnten den damaligen Bundeskanzler Helmut Schmidt für ein Vorwort gewinnen. Er schrieb darin: »Die letzte sittliche Grundlage seines politischen Handlungswillens mag einer in seiner religiösen Vorstellung vom Sinne des Menschen gefunden haben oder in der Philosophie oder anderswo: Sie allein reicht für konkretes politisches Handeln in keinem Falle aus.« Dazu gehören – so Helmut Schmidt – auch die geistige Durchdringung der Handlungsmöglichkeiten und Handlungsfolgen sowie ausreichende Übung im praktischen Handeln. Deshalb sei »kritische Grundhaltung demjenigen nötig, der politisch handeln will«. Zum Widerspruch zwischen Politik und Philosophie meinte Helmut Schmidt: »Kritische Haltung und der Wunsch, andere zu überzeugen, sind zwei entgegengesetzte Antriebe. Aber kritische Menschen werden – auf diese Hoffnung gründet sich mein Vertrauen in die Demokratie – auf die Dauer nur den kritischen Geist auch überzeugend finden. Deshalb ist ein theoretischer, d.h. ein kritischer Geist eine notwendige Voraussetzung für eine erfolgreich verändernde, d.h. fortschrittliche Politik.«[36] Die Volte ist geschickt, aber es knirscht doch vernehmlich im Gebälk der Argumentation. Es stünde schlecht um die Demokratie, wenn sie nur mit aufgeklärten kritischen Zeitgenossen als Wählern und mit zur Selbstkritik fähigen, also reflektierenden Politikern funktionieren würde.

Ich vermute eher, dass philosophische Ideen dort ihre größte Macht entfalten, wo sie von den Handelnden gar nicht mehr reflektiert, sondern quasi unbewusst und voraussetzungslos angewendet werden. John Maynard Keynes hat mal gespottet, hinter jedem Politiker, der eine wirtschaftlich falsche Entscheidung treffe, stehe eine von ihm selbst längst vergessene und überholte ökonomische Theorie. Das gilt nicht nur für ökonomische Theorien, sondern auch für philosophische Ideen. Wenn sich ein Politiker, was selten genug geschieht, zu Äußerungen von allgemeinem Gehalt herablässt, sehen wir dahinter schnell die Ideenwelt, in der er aufwuchs und erzogen wurde oder die er sich in den prägenden Jahren des jungen Erwachsenen angeeignet hat.[37] Je bewusster ihm die geistigen Einflüsse auf sein eigenes Handeln sind, umso eher kann er sie kritisch reflektieren und sich, wenn es nottut, auch davon emanzipieren. Ein kritischer, philosophisch geschulter Geist macht ohne Frage den besseren Politiker. Es gilt aber auch Kants Einschätzung: »Dass Könige philosophieren, oder Philosophen Könige würden, ist nicht zu erwarten, aber auch nicht zu wünschen; weil der Besitz der Gewalt das freie Urteil der Vernunft unvermeidlich verdirbt. Dass aber Könige oder königliche (sich selbst nach Gleichgesetzen beherrschende) Völker die Klasse der Philosophen nicht schwinden oder verstummen, sondern öffentlich sprechen lassen, ist beiden zur Beleuchtung ihres Geschäfts unentbehrlich.«[38]

Politik und Freiheit

Nur wenige politische Begriffe schillern so wie der Begriff der Freiheit, und nur wenige sind so emotional besetzt. Aber nur wenige Begriffe sind auch so konkret mit handfestem politischem Handeln verbunden. Menschen sind keine Monaden, sondern leben in Gesellschaft. Darum stoßen alle ihre Handlungen, die über den Bereich der ganz privaten Lebensgestaltung hinausgehen, ständig mit den Handlungen anderer Menschen zusammen. Aus diesem banalen Grund gibt es Verkehrsregeln. Jene für den gesellschaftlichen Verkehr sind die des guten Benehmens – also der »Knigge« in seiner aktuellen Ausgabe –, und jene für den Straßenverkehr sind die der Straßenverkehrsordnung, nachzulesen im Bundesgesetzblatt. Weder haben wir die Freiheit, im Büro grußlos am Chef vorbeizugehen, noch sollten wir uns erlauben, auf dem Weg zum Büro die Vorortstraßen mit 80 Kilometern pro Stunde zu durchfahren.

Abstrakt gesprochen besteht das ganze Regelwerk einer Gesellschaft in Freiheitsbeschränkungen, die gerade durch ihren beschränkenden Charakter andere Freiheiten oder die Freiheit anderer sichern sollen. Auch in der liberalsten Gesellschaft stößt die Ausübung sexueller Freiheit an die Grenzen von Gewaltverbot und Kinderschutz. Und auch in der liberalsten Marktökonomie, soll sie denn funktionieren, bleiben Diebstahl, Raub und Betrug verboten und werden entsprechend geahndet. Grundsätzlich kann man das Wesen und den Inhalt von Freiheit ganz unterschiedlich abgrenzen:

- Im traditionellen Islam gibt es nicht die Freiheit des Gläubigen, den Glauben an Allah aufzugeben. Es gibt auch nicht die Freiheit der Ungläubigen, den Islam zu kritisieren. So kann es dazu kommen, dass Menschen in der U-Bahn angegriffen oder Kioskbesitzer bedroht werden, weil sie die falsche Zeitung lesen oder zum Kauf anbieten.[39] Darum ist diese Form des Islam inkompatibel mit einer Demokratie.
- In Schweden gibt es nicht die Freiheit des Mannes, sich eine sexuelle Dienstleistung zu kaufen, dafür wird er bestraft. Dort hat ein Arzt auch nicht die Freiheit, seine Dienstleistung auf dem freien Markt anzubieten. Möchte ein Schwede eine ärztliche Dienstleistung kaufen, die der staatliche Gesundheitsdienst nicht bereitstellt, so muss er ins Ausland gehen. In schöner Konkretheit sehen wir hier

das Wirken des Gegensatzes von Freiheit und Gleichheit.

- Seit einiger Zeit wird in vielen Ländern diskutiert, ob Frauen die Freiheit haben sollen, ihre Gebärmutter an homosexuelle Kunden zu vermieten, die dann wie leibliche Eltern behandelt werden sollen.[40]
- Auf dem Platz des Himmlischen Friedens in Peking war 1989 die freie Demonstration ein Verstoß gegen die öffentliche Ordnung, die mit dem Tod bestraft wurde. In Dresden waren um die Jahreswende 2014/15 die Demonstrationen von Pegida versammlungsrechtlich zwar erlaubt, aber sie wurden von der Mehrheit der Medien und der Politiker als ein Verstoß gegen die moralische Ordnung angesehen. Die Teilnehmer wurden von der Bundeskanzlerin und von der damaligen SPD-Generalsekretärin Yasmin Fahimi in scharfen Worten mit einem moralischen Demonstrationsverbot belegt und quasi aus der guten Gesellschaft ausgestoßen.

Bezogen auf die westlichen Industriegesellschaften und ihre Marktökonomie stehen vor allem zwei Freiheitsverständnisse im Widerstreit: Auf der einen Seite steht das klassische *liberale Verständnis*, wonach die staatliche Ordnung den Raum für das individuelle Handeln möglichst groß und vorschriftenarm zu gestalten hat. Freiheit wird hier vor allem verstanden als die Freiheit des Einzelnen, möglichst unbehindert seine Ziele anzustreben und sein Leben nach eigenen Vorstellungen zu gestalten. Auch Not und Scheitern sind in diesem Verständnis grundsätzlich eine Privatangelegenheit. Der Sozialstaat stellt lediglich ein Notnetz gegen den Absturz bereit. Auf der anderen Seite steht das *sozialistische Verständnis*, wonach der Staat den Schutz des Einzelnen vor existenziellen Gefahren möglichst umfassend zu sichern hat, also: Freiheit von materieller Not, Hunger, Krankheit, Freiheit zu umfassender

Teilhabe. Zu Ende buchstabiert bedeutet das sozialistische Freiheitsverständnis den weitgehenden Vorrang der Gleichheit vor der Freiheit.

Generell stellt sich die Frage der Freiheit im Verhältnis von Individuum und Gruppe. Menschen lieben Gruppen, weil sie sich in ihnen angenommen und beschützt fühlen. Innovationen kommen andererseits zumeist von Einzelgängern und werden eher im Widerspruch zum Gruppendenken entwickelt. Gruppen richten sich gern im Mittelmaß ein. Wer Kreativität und Innovation will, muss Freiraum für den Einzelnen schaffen.[41]

Auch die Zuwanderungsdebatte lässt sich unter dem Freiheitsaspekt betrachten und offenbart so den eigentlichen Kern des Konflikts: Menschen aus ärmeren und armen Regionen richten ihr Migrationsverhalten danach aus, wie sie ihr eigenes Wohlergehen einschätzen und beanspruchen die Freiheit, in das Land ihrer Wünsche einzuwandern. Und Menschen in Zuwanderungsländern beanspruchen die Freiheit, selbst zu entscheiden, wen sie unter welchen Bedingungen bei sich aufnehmen.

Dahinter steht die Frage, wem die Welt eigentlich gehört: Ist sie eine große Allmende, die allen Menschen gehören muss und wo sich nur – vorübergehend und eigentlich unberechtigt – Gruppen und Völker bestimmte Claims abgesteckt haben? Oder verleihen die Besiedlung und Kultivierung eines Landes und der Aufbau einer entwickelten Gesellschaft unveräußerliche, vererbliche Rechte an die dortigen Einwohner, von denen man andere ausschließen kann?

Der politische Ruf nach mehr »Freiheit« ist rein emotional für viele eine Verlockung, für weitaus mehr Bürger aber offenbar eine Bedrohung. Eine politische Partei oder eine Bewegung, die das Wort »Freiheit« in den Mittelpunkt stellt und das auch so meint, wird in der Demokratie der

Gegenwart zuverlässig scheitern. Umfragen zeigen mit großer Stabilität, dass die Bundesbürger über die Notwendigkeit wirtschaftlicher Freiheit als Voraussetzung für das Funktionieren der Marktwirtschaft so gut wie nichts wissen.[42] Das Drama des zeitweiligen Niedergangs der FDP, der 2013 sogar zum Ausscheiden aus dem Bundestag führte, lag daher nicht nur an den damaligen Mängeln ihres Spitzenpersonals, er war auch strukturell begründet.[43] Ihr erneuter Einzug in den Bundestag 2017 und ihr Aufstieg in den Wahlumfragen vor der Bundestagswahl 2021 erklären sich daraus, dass viele bürgerliche Wähler sich mittlerweile bei CDU/CSU und SPD politisch heimatlos fühlen, aber vor der Wahl der vielfach als rechtsradikal empfundenen AfD gleichwohl zurückschrecken.

Politik und materielle Güter

Am Ursprung von Politik stand der Kampf von steinzeitlichen Horden um Jagdgründe und Ernährungsmöglichkeiten. Und am Ursprung der Entstehung staatsähnlicher oder staatlicher Verbände standen die Organisationserfordernisse aus dem fortschreitenden Übergang zur landwirtschaftlichen Produktionsweise.

Politik mag sich im Religiösen rechtfertigen, ihre Entstehung und Geltung ergibt sich aus der Sicherung und Entwicklung materieller Lebensgrundlagen. Deshalb heißt es in der *Dreigroschenoper* von Bert Brecht: »Erst kommt das Fressen, dann kommt die Moral.« Deshalb sagte der Präsidentschaftskandidat Bill Clinton im amerikanischen Präsidentschaftswahlkampf 1992: »It's the economy, stupid!« – und gewann die Wahl. Die amerikanische Unabhängigkeitserklärung hatte ihren Ursprung im Streit um die Zölle, die die britische Krone den Importen in die Kolonien auferlegte. Und die Französische Revolution hatte ihren Ursprung in der Unzufriedenheit der Pariser Bürger mit ihrer Versorgungslage. Im Zweiten Weltkrieg war die Versorgungslage im Deutschen Reich nie wirklich schlecht, darauf achtete Hitler persönlich und bestand sogar darauf, dass der Bierausstoß in Bayern ein bestimmtes Niveau nicht unterschritt, weil er um die Zufriedenheit der Arbeiter besorgt war. Dafür war nicht Menschenfreundlichkeit der Grund, sondern die Erfahrungen aus dem Ersten Weltkrieg, als zermürbende Ernährungsmängel zur allgemeinen Demoralisierung beigetragen hatten. Noch Jahre nach dem Zweiten Weltkrieg waren die Einschätzungen der nationalsozialistischen Herrschaft bei einem überraschend hohen Anteil der Bevölkerung relativ günstig. Wie Umfragen zeigten, wurde dieses schöne Bild wesentlich durch die Verbesserung der Wirtschaftslage seit 1933 bewirkt. Da war es den Menschen offenbar egal, ob dahinter Autobahnen oder Rüstungsprojekte standen.

In der jungen Bundesrepublik bewirkte wahrscheinlich der schnelle Wirtschaftsaufschwung durch Ludwig Erhards soziale Marktwirtschaft mehr für die Legitimation der noch ungefestigten Demokratie als alle Umerziehungsversuche der Alliierten. Und bei der ersten Nachkriegsrezession 1966/67 war die Sorge allgemein, dies könne zur Radikalisierung führen und die junge Demokratie gefährden. Schließlich schien es ziemlich klar, dass Hitler ohne die Auswirkungen der Weltwirtschaftskrise auf Deutschland niemals an die Macht gekommen wäre.

Angela Merkels Regierung saß seit 2015 trotz der verfehlten Flüchtlingspolitik auch deshalb relativ fest im Sattel, weil es der deutschen Bevölkerung bei sinkender Arbeitslosigkeit bis zum Ausbruch der Covid-19-Pandemie im Jahr 2020 materiell gut ging. Umgekehrt führten die ungelösten Wirtschaftsprobleme der Südländer im Euroraum immer wieder zu Regierungswechseln und darüber hinaus zu tektonischen Verschiebungen in der Parteienstruktur mit ungewissen Konsequenzen für die Zukunft Europas.

Nicht nur westliche Demokratien haben die Lektion gelernt: Man kann den Bürgern viel zumuten, gefährlich wird es für die Herrschenden erst, wenn die Einkommen fallen und die Arbeitslosenzahlen steigen. Der Untergang der DDR wurde nicht zuletzt dadurch beschleunigt, dass die SED-Führung den systembedingten Rückstand im Lebensstandard im Vergleich zum Westen immer mehr mit Krediten aus ebendiesem Westen überbrücken musste. Honecker und sein Politbüro wussten genau, dass die DDR-Bürger ihr Wirtschaftssystem nur respektieren würden, solange der Abstand zur Bundesrepublik nicht zu groß wurde.

Der seit Jahrzehnten beispiellose Expansionskurs der amerikanischen Geldpolitik, der die internationale Finanzkrise 2008 maßgeblich verursacht hatte, ist vor allem auf die Angst der Politik vor den Konsequenzen einer größeren Rezession zurückzuführen. Der Lebensstandard breiter Schichten in den USA wird nämlich durch eine Rezession viel stärker getroffen als in Deutschland, weil die sozialstaatliche Absicherung geringer ist. Deshalb hat die amerikanische Finanz- und Geldpolitik seit Beginn der Pandemie 2020 und 2021 sowohl unter Präsident Trump als auch unter Präsiden Biden eine Politik radikaler Expansion eingeschlagen. Im antiken Rom hieß das Prinzip »panem et circenses« – Brot und Spiele. Die unruhige Plebs der Hauptstadt stellte man durch eine günstige Versorgungslage auf Kosten der Provinzen zufrieden und hielt sie so gleichzeitig unter Kontrolle. Wenn es um das materielle Wohlbefinden geht, ist den meisten das Hemd durchaus näher als der Rock, sprich: die Gegenwart näher als die Zukunft. Dieses Gefühl siegt sogar über die bessere Einsicht. Wie Umfragen zeigen, ist der Mehrheit durchaus klar, dass die Verschiebungen im Altersaufbau der Bevölkerung einen späteren Renteneintritt und ein niedrigeres Rentenniveau unvermeidlich machen. Den Bundesbürgern ist auch klar, dass sie auf Kosten künftiger Generationen leben, wenn sie diese Konsequenz nicht akzeptieren. Gleichwohl war Ende 2014 das Rentenpaket der Bundesregierung, das die Generation der jetzigen Rentner und Rentenanwärter auf Kosten der Jüngeren begünstigt, sehr populär, und darum kam es auch ins Gesetzblatt.

Mit wachsendem Wohlstand werden bei einem Teil der Bevölkerung materielle Wünsche durch sogenannte postmaterielle Werte ergänzt. So kam es seit den späten 1970er-Jahren zur Konjunktur von Umweltfragen, und darum erwecken große Bauprojekte immer größere Empfindlichkeiten. Wenn Grundbedürfnisse gestillt sind, werden weitere menschliche Bedürfnisse eben komplexer. Etwas voreilig sind Analysen, die hier ein »postmaterielles« Zeitalter heraufdämmern sehen. Was ist eigentlich »postmateriell« daran, wenn der Preis eines BMW den Preis eines funktional vergleichbaren Opel nur deshalb um 30 Prozent übersteigt, weil der Markenwert höher ist? Der Kunde gibt offenbar gern ein materielles Gut (Geld) für ein immaterielles (Prestige) hin. An dieser Stelle sind wir bei der komplexen Hierarchie menschlicher Bedürfnisse, die im Hinblick auf die Politik das Materielle stets umschließen, aber eben auch weit darüber hinausgehen. Darum interessierte sich Angela Merkel während ihrer Kanzlerschaft für Indikatoren von Glück und Wohlfahrt und hatte sogar ein Referat im Bundeskanzleramt eingerichtet, das Kriterien für »gutes Leben« und »nationale Wohlfahrt« zusammenstellen und für die Politik aufbereiten sollte.[44]

Unter dem Aspekt der Balance nimmt die Politik auch ein legitimes Interesse an Verteilungsfragen. Der Grad der Verfügung über materielle Güter entscheidet nicht nur über Hunger und physische Armut, sondern beeinflusst auch die soziale Einordnung und die eigene Akzeptanz in der Gesellschaft. Balanciert ist eine gesellschaftliche Einkommensverteilung dann, wenn sie Leistungsanreize gibt und Anstrengungsbereitschaft unterstützt, wenn sie Erfolg belohnt und in der Summe von der Mehrheit als fair empfunden wird. Über die »richtige« Balance gibt es nicht nur innerhalb von Gesellschaften große Meinungsunterschiede. Vielmehr ist ihre Akzeptanz als Ganzes schon Ausdruck von unterschiedlichen Leitbildern. So wird materielle Ungleichheit in den individualistischen USA eher akzeptiert als in Europa, wo die Menschen mehr dazu neigen, die Ursache für Misserfolg nicht bei sich, sondern bei widrigen Umständen zu suchen,[45] die der Staat verändern oder ausgleichen soll.

Das Thema Ungleichheit beziehungsweise Verteilungsgerechtigkeit streift auch die Einwanderungsfrage. Weltweite Wohlstandsunterschiede liegen ja nicht an einer »Ausbeutung« der einen Länder durch die anderen, sondern »an den Institutionen der Länder oder den sozialen Normen oder den dominanten Verhaltensweisen oder der Kultur oder den Traditionen oder der Sicherheit der Eigentumsrechte und dem Ausmaß der wirtschaftlichen Freiheit«, wie der Soziologe Erich Weede schreibt. Gerade die Gesellschaften, die dem Westen kulturell besonders fernstehen, sind besonders arm, und gerade dort bestehen die stärksten Migrationsanreize. Ungeregelte Massenzuwanderung könnte aber gerade jene Institutionen der reichen Länder des Westens gefährden, die für ihren Wohlstandsvorsprung verantwortlich sind.[46]

An dieser Stelle muss man wohl über Armut und Moral reden. Bei keinem Thema prallen Verantwortungs- und Gesinnungsethik stärker aufeinander. Den strikten Moralisten geht es nicht primär um die Bekämpfung der Ursachen von Armut durch eine entsprechende Organisation der Gesellschaft, sondern um Vorurteile gegen Reichtum, um Umverteilung und im Ergebnis deshalb leider um eine Verfestigung von Armut durch Barmherzigkeit. Rainer Hank zitiert dazu Papst Franziskus: »Die eigenen Güter nicht mit den Armen zu teilen bedeutet, diese zu bestehlen. Die Güter, die wir besitzen, gehören nicht uns, sondern ihnen.« Hank kommentiert das in polemischer Zuspitzung mit der Feststellung, der Marxist Deng Xiaoping, der China in die Marktwirtschaft führte und 700 Millionen Menschen den Ausweg aus der Armut bot, habe mehr für die Armen getan als Mutter Teresa.[47]

Oft wird beklagt, Politiker verdienten in Deutschland zu wenig Geld – da ist etwas dran. Es fällt auch deshalb nicht leicht, die wirklich Begabten in die Politik zu locken. Aber man sollte diese Klagen auch nicht übertreiben. Politik gibt eine andere knappe Währung aus: Beachtung und Aufmerksamkeit für die eigene Person. Der bayerische Ministerpräsiden Markus Söder fasste dies im März 2021 in die knappe Formel »Blaulicht oder Konto«.

Als junger Mann und Protokollant der schier endlosen Wochenendsitzungen der SPD-Langzeitkommission rätselte ich darüber, was die 30 Kommissionsmitglieder (29 Männer, eine Frau, die Quote war noch fern) eigentlich an einen Tisch trieb und dort so lange festhielt. Das konnte ja nicht nur Idealismus sein. Irgendwann wurde mir klar: Die große Attraktion bestand eben auch darin, dass die eigenen Wortbeiträge, mochten sie auch noch so lang sein, jeweils 29 geduldige Zuhörer hatten, von uns, den Protokollanten, einmal abgesehen. Das Gemeinderatsmitglied findet sich bisweilen in der Lokalzeitung; auch der kleine Abgeordnete ist in seinem Wahlkreis ein großer Mann, der anderen die Welt erklärt. Das Prestige hoher politischer Ämter und die damit verbundene Sichtbarkeit ist auf viel besser bezahlten Positionen in der Wirtschaft kaum zu erreichen, wenn man nicht gerade Chef von Siemens oder der Deutschen Bank ist. Die Mächtigen in der Politik beneiden die Reichen in der Wirtschaft ums Geld, und die Reichen in der Wirtschaft beneiden die Mächtigen in der Politik um Macht und Prestige. Politiker in Staatsämtern müssen selbstverständlich mehr verdienen als die Beamten, denen sie Weisungen erteilen. Sie sollen einen angemessenen Lebensstandard haben und eine Altersversorgung, die den Brüchen und Unberechenbarkeiten einer politischen Laufbahn Rechnung trägt. Aufgrund ihrer materiellen Verhältnisse muss es ihnen objektiv zumutbar sein, ihr Amt unbestechlich wahrzunehmen (vgl. »Politik und Korruption«). Wem das nicht genug ist, der sollte von der Politik Abstand halten und sich einen ertragreicheren Brotberuf suchen.

Politik und Utopie

Wir alle stellen uns in unseren Tagträumen bisweilen vor, wie die Welt aussehen soll, wenn es nach unseren Wünschen ginge. Papst Franziskus träumt möglicherweise davon, dass die Reichen die Barmherzigkeit entdecken und den Armen so viel Geld geben, dass sie nicht mehr arm sind. Ein junger Mann mag davon träumen, dass die Hübschen unter den jungen Mädchen williger sind, als er es tatsächlich erlebt. Der Investmentbanker träumt von einer Welt ohne hinderliche Regulierungen. Der existenzgefährdete Einzelhändler träumt von einem Gesetz, das Handelsketten und den Internethandel verbietet. So hat jeder seine Träume, und das ist gut so, denn unser Blick auf das Leben und die Gesellschaft erwächst aus unseren Gefühlen.

Gut ist es auch, wenn wir versuchen, den uns zugänglichen Teil der Gesellschaft in unserem Sinne zu verändern. Wollen wir dabei unseren Wirkungskreis vergrößern, so können wir uns entscheiden, in die Politik zu gehen, Soziologieprofessor zu werden oder als Priester den Armen zu dienen. Ganz ohne Tagträumerei können wir versuchen, Konzepte zu entwerfen, wie sich die Welt beziehungsweise der kleine Ausschnitt, um den es uns geht, verbessern lässt. Das könnte in der Gemeinde ein Fahrradweg, eine Geschwindigkeitsbegrenzung oder eine Fußgängerampel sein. Man könnte überlegen, wie man generell den Anteil des Individualverkehrs verringern kann. Oder man fängt an, eine Welt ohne Autos zu entwerfen. Das wäre dann eine Utopie.

Utopien zeichnen sich dadurch aus, dass sie bestimmte Maximen auf Kosten des Rests der Welt ins Absolute steigern. Wer als gläubiger Muslim das weltweite Kalifat errichten will, verfolgt zweifellos eine Utopie. Wer als Ernährungswissenschaftler den Menschen zu fettes und zu salzreiches Essen verbieten will, verfolgt auch eine Utopie. Genauso utopisch agiert der Philosoph oder Theologe, der das menschliche Gewinnstreben unterbinden will.

Nahezu jedes überwölbende, absolut gesetzte gesellschaftliche Ziel ist letztlich utopisch und hätte zumindest eine zentral geleitete Diktatur als notwendige, wenn auch nicht hinreichende Bedingung. Die Grenze vom gesellschaftlichen Veränderungswillen zur Utopie ist gleitend. Sie wird tendenziell schon überschritten, wenn Ziele ihre Balance verlieren. Politik als Ausgleich zwischen widersprüchlichen Zielen sollte eigentlich utopiekritisch sein. Tatsächlich waren politische Utopien immer wieder Treiber großer gesellschaftlicher Veränderungen, aber auch die Quelle von viel Unglück.[48] Der Fanatiker hängt einer Utopie an. Der Pragmatiker möchte dagegen sicherstellen, dass die Welt funktioniert. Christopher Clark sagt dazu: »Pragmatische Gestalten bringen die Welt nach jenen Katastrophen in Ordnung, für die Fanatiker gesorgt haben. Was für ein wunderbarer Pragmatiker war doch Gustav Stresemann und welch schrecklicher Fanatiker dann Adolf Hitler.«[49] Allerdings brauchen auch Pragmatiker eine Idee, die sie leitet, ein gesellschaftliches Ordnungsbild. Jede Gesellschaft, soll sie nicht in Gewalt und Chaos stürzen, braucht eine innere Ordnung, die unzählige Ziele und Aktivitäten tatsächlich abgleicht, unabhängig davon, ob diese Ordnung eher gut oder eher schlecht ist.[50]

Politik und Verbrechen

Hans Magnus Enzensberger wägt in der fulminanten Einleitung seines Buches *Politik und Verbrechen* die Vorbereitung des Holocausts gegen die Vorbereitung des Atomkriegs ab und stellt Adolf Eichmann, der im Reichsinnenministerium den Judenmord plante, dem amerikanischen Nuklearstrategen Herman Kahn gegenüber. Dieser entwarf in den 1950er- und 1960er-Jahren im Auftrag der amerikanischen Regierung Strategien für Szenarien des Atomkriegs und argumentierte, dass selbst große Verluste der amerikanischen Bevölkerung von 60 Millionen Menschen oder mehr durch die natürliche Vermehrung schnell wieder aufgeholt und später lebende Amerikaner nicht in ihrem Lebensglück behindert würden. Die Konsequenzen eines Atomkriegs seien also, bei Lichte besehen, gar nicht so katastrophal, wenn nur der Sieg über die Kommunisten gesichert sei. In dem von Enzensberger angestellten Vergleich wirkt Adolf Eichmann recht normal und geradezu sympathisch.

Enzensbergers fühlbare Verzweiflung kreist um den Umstand, dass der Ursprung von Politik im Übergesetzlichen liegt, und zwar in der ursprünglichen Souveränität des Herrschenden, die auf Gewalt gründet. Er verweist auf Sigmund Freuds Analyse zum Zusammenhang zwischen Vatermord und Politik und beklagt: »Zwischen Mord und Politik besteht ein alter, enger und dunkler Zusammenhang. Er ist in der Grundstruktur aller bisherigen Herrschaft aufbewahrt: Sie wird von demjenigen ausgeübt, der die Beherrschten töten lassen kann.«[51] Carl Schmitt hatte es anders ausgedrückt: »Souverän ist, wer über den Ausnahmezustand entscheidet.«[52] Der Ursprung von Politik steht deshalb über dem Gesetz, weil es der Politik bedarf, um ein Gesetz zu formulieren. Erst wenn dieses erlassen ist, kann man überhaupt definieren, was gegen das Gesetz verstößt und somit eine Straftat, vielleicht sogar ein Verbrechen ist. Deshalb kreisen, wie Enzensberger ausführt, alle Definitionen einer Straftat um sich selbst. »Was bestraft wird, ist ein Verbrechen, was ein Verbrechen ist, wird bestraft.«[53]

Thomas Hobbes schrieb bereits im Jahr 1651: »Ein *Verbrechen* ist eine Sünde, die im Begehen dessen (durch Tat oder Wort) besteht, was das Gesetz verbietet, oder in der Unterlassung dessen, was es befohlen hat.«[54] Ohne Gesetz gibt es also kein Verbrechen, und das Gesetz stammt aus dem vorgesetzlichen Raum politischen Handelns. Der Herrscher eines souveränen Staates steht über dem Gesetz, das er selbst erst schafft, und kann deshalb quasi definitorisch kein Verbrecher sein – es sei denn, er untersteht selbst einem höheren Gesetz, das sich aus der Religion oder dem Naturrecht herleitet.

Politik und Legitimation

Zur Begründung staatlicher Legitimität zitiert Carl Schmitt den jungen Friedrich Engels: »Das Wesen des Staates wie der Religion ist die Angst der Menschheit vor sich selber.«[55] Damit ist die innere Verbindung zwischen Religion und staatlicher Legitimität auf den Punkt gebracht. Weltliche Herrscher, die über dem Gesetz stehen, weil sie es selbst erlassen haben und jederzeit ändern können, sind zumeist bemüht, ihren Herrschaftsanspruch aus einer höheren Macht herzuleiten, die unsichtbar noch über ihnen steht. Hitler rief die Vorsehung an, und Stalin stellte sich als Vollstrecker der Gesetzmäßigkeiten des historischen Materialismus dar. Der französische König Ludwig XIV. soll 1655 vor den Pariser Parlamentariern gesagt haben »L'État, c'est moi!«, aber dieses Recht zur absoluten Herrschaft hatte er eben »von Gottes Gnaden«. Herrscher benutzen die Referenz auf höhere, zumeist himmlische Mächte, um gegenüber den Untertanen die Legitimität ihrer Herrschaft zu begründen. Und die Untertanen gehorchen ihrem Herrscher lieber, wenn sie das Gefühl haben, Teil einer guten Ordnung zu sein, die eben diesen Herrscher an die Spitze stellte.

Legitimität bedeutet, dass der Beherrschte das Recht des Herrschenden zur Herrschaft nicht hinterfragt, die bestehende politische und gesellschaftliche Ordnung akzeptiert und sich entsprechend ihren Regeln verhält. Das Legitimationsniveau in einer Gesellschaft kann sehr unterschiedlich sein, es kann sich im Zeitablauf ändern und unterscheidet sich von Staat zu Staat und von Gesellschaft zu Gesellschaft. Aus Gründen der Machtfestigung und -sicherung bemüht sich die Politik kontinuierlich, die Legitimation ihrer Herrschaft bei den Regierten zu steigern. Sie versucht, deren Erwartungen zu erfüllen, und kommt dabei stets in Versuchung, die Opportunität über Logik und Sachgerechtigkeit zu stellen.[56] Zur Herstellung von Legitimität dienen Rituale und Wohltaten, aber auch die Demonstration von Macht und unter Umständen sogar die Ausübung von Gewalt. In einem System des Terrors wie dem Stalinismus dient sogar dessen

Fortsetzung und Steigerung als Legitimationsmittel, weil die Ausweglosigkeit des Widerstands den Überlebenswilligen in die Richtung des bedingungslosen Gehorsams drängt.

Legitimationsverfall setzt ein, wenn nennenswerte Mengen der Beherrschten sich dem Herrschaftsanspruch entziehen. Dies kann zu einem Dauerzustand werden, wie man an »failed states« wie Haiti oder Somalia sieht. Aber schon die Verhältnisse in Süditalien oder Griechenland, wo großes Misstrauen zwischen Regierenden und Regierten sowie geringe Gesetzestreue verbreitet sind, zeigen, dass es in diesen Gesellschaften große Legitimationsprobleme gibt. Die letzte Phase eines Legitimationsverfalls hat eine politische Herrschaft erreicht, wenn Polizisten und Soldaten nicht mehr gehorchen. Dann ist der Zeitpunkt für eine Revolution gekommen. So geschah es beim persischen Schah Reza Pahlavi 1979, beim rumänischen Präsidenten Ceaușescu 1989 und beim ägyptischen Präsidenten Mubarak 2011.

Nach Max Weber kann Herrschaft – in der von ihm formulierten Definition »die Chance, Gehorsam für einen bestimmten Befehl zu finden« – »auf verschiedenen Motiven der Fügsamkeit beruhen«: auf der Interessenlage der Gehorchenden, auf Gewöhnung, auf Neigung. »Eine Herrschaft, welche *nur* auf solchen Grundlagen ruhte, wäre aber relativ labil. Bei Herrschenden und Beherrschten pflegt vielmehr die Herrschaft durch *Rechtsgründe*, Gründe ihrer ›Legitimität‹, innerlich gestützt zu werden, und die Erschütterung des Legitimitätsglaubens pflegt weitgehende Folgen zu haben.«[57] Max Weber unterscheidet drei reine Typen der Herrschaft:

- Die *legale Herrschaft* kraft Satzung ist in ihrer reinsten Form die bürokratische Herrschaft, sei es bei der staatlichen Verwaltung, sei es im Unternehmen. Aber solch eine Herrschaft ist natürlich niemals rein bürokratisch. An der

Spitze der Verwaltung stehen Monarchen, gewählte Politiker oder kollegiale Körperschaften wie etwa Stadträte.

- Die *traditionale Herrschaft* kraft Glaubens hat vormodernen Charakter. Mit ihren vielfältigen Bindungen ist sie unflexibel, durch das Fehlen formalen Rechts und die fehlende fachliche Personalauslese gekennzeichnet. Soweit sie als Adelsherrschaft sich aber fachlich gebildete Bedienstete zulegte, kann sie als Vorläufer des modernen Staates gelten.
- Die *charismatische Herrschaft* durch einen befehlenden Führer, der Jünger oder Gefolgschaft an sich bindet, hat in reiner Form kaum dauerhaften Bestand, sondern braucht einen loyalen Verwaltungsstab, der die tatsächliche Fügsamkeit der Beherrschten kontinuierlich erzwingt.[58]

Die Übergänge zwischen den drei Herrschaftsformen sind gleitend. Die beiden letzteren sind in der modernen Welt umso stabiler, je mehr sie sich auf einen fachlich qualifizierten loyalen Verwaltungsstab stützen können, der den Bedürfnissen der Beherrschten Rechnung trägt und ihnen letztlich dient.

Der Verlust der monarchischen Legitimität und das Vordringen des demokratischen Legitimitätsgedankens gipfeln in dem Satz: »Alle Gewalt geht vom Volke aus.« Das bedeutete das Ende von »Legitimität im überlieferten Sinn« und den »Verlust des metaphysischen Kerns aller Politik«. Mit Thomas Hobbes folgert Carl Schmitt daraus, es gebe »keine Legitimität im überlieferten Sinne«: »Auctoritas, non veritas facit legem.« (Die Macht, nicht die Wahrheit macht das Gesetz.)[59] Dem kann wohl jeder von Herzen zustimmen, der sich mit dem Zustandekommen von Gesetzen näher befasst hat.

Politik und Recht

Das von Enzensberger beklagte Paradox steht am Anfang jeder Rechtsordnung. Carl Schmitt bringt es wie folgt auf den Punkt: »Der Staat, das heißt die Rechtsordnung, ist ein System von Zurechnungen auf einen letzten Zurechnungspunkt und eine letzte Grundnorm.« Die höchste Kompetenz kommt darin nicht Personen oder Machtstrukturen zu, sondern – in Schmitts abstrakter juristischer Sicht – »nur der souveränen Ordnung selbst in der Einheit des Normensystems«, denn »der Grund für die Geltung einer Norm kann wiederum nur eine Norm sein; der Staat ist daher für die juristische Betrachtung identisch mit seiner Verfassung, das heißt der einheitlichen Grundnorm.«[60]

Der politische Prozess im weitesten Sinne schafft das Recht. Je demokratischer es dabei zugeht, umso weniger gibt es allerdings die von Carl Schmitt auf der Ebene abstrakten rechtlichen Denkens eingeforderte »einheitliche Grundnorm«. Vielmehr steht in der Wirklichkeit des Rechtsstaats eine Fülle wildester Widersprüche aus ganz unterschiedlichen Rechtsgebieten ziemlich unaufgelöst nebeneinander. Bei der »fragilen Gestalt« des modernen Verfassungsstaates handelt es sich um Menschenwerk. »Die letzte Instanz: das sind in weltlichen Dingen, wie es der moderne Staat nun einmal ist, wir selbst.«[61]

Im Verfassungsstaat westlicher Prägung ist es immerhin gelungen, der Politik Fesseln anzulegen – durch Aufgabenteilung zwischen den staatlichen Gewalten, durch parlamentarische Zustimmungsvorbehalte für exekutives Handeln, durch einklagbare richterliche Kontrolle, durch historisch entwickeltes Richterrecht, durch eine geschriebene Verfassung etc. Alle gefestigten, westlich geprägten Demokratien haben so ein System von *checks and balances* entwickelt, das politischer

Willkür und Selbstermächtigung Grenzen setzt, politische und wirtschaftliche Freiheiten der Bürger schützt, zahlreiche wirtschaftliche und gesellschaftliche Vorgänge rechtlich regelt und im Ergebnis die staatliche Gesetzgebung zu einem langwierigen, ermüdenden und sehr formalisierten Prozess macht.

Der »rasende Stillstand«, der dabei häufig entsteht und vielfach beklagt wird, hat oft eher wohltätige Wirkungen. Er sorgt dafür, dass ganz unterschiedliche Blickwinkel zur Geltung kommen, und kann Übertreibungen in jedwede Richtung vorbeugen. Nur ganz selten ist das Ergebnis staatlicher Gesetzgebung rational, intellektuell befriedigend oder gar ästhetisch ansprechend. In den meisten Fällen weiß lediglich eine kleine Zahl von Interessenten und Experten, worum es wirklich geht. Wenn es gut geht, wissen zumindest die Urheber eines Referentenentwurfs in den zuständigen Ministerien und die Berichterstatter in den parlamentarischen Ausschüssen im Zusammenhang über Absichten, Hebel und Wirkungen eines Gesetzentwurfs Bescheid. Die Regel ist das aber keinesfalls. Staatliche Gesetzgebung auf allen Gebieten ist auch immer ein großes Spiel von Versuch und Irrtum.

Eine gefestigte staatliche Demokratie westlicher Prägung haben nur ganz wenige Staaten auf der Welt vorzuweisen. Nur in diesen Staaten gibt es eine einigermaßen verlässliche Herrschaft des Gesetzes (*rule of law*). Das bedeutet nicht, dass dort die Vernunft herrscht, ganz im Gegenteil: Wenn im Gesetz Unvernünftiges steht, dann herrscht eben die Unvernunft.

Das zeigt sich zuletzt anschaulich in Deutschland, als der Bundestag am 22. April 2021 das »Vierte Gesetz zum Schutz der Bevölkerung bei einer epidemischen Notlage von nationaler Tragweite« beschloss, das sogenannte Notbremsengesetz. Fast niemand war mit den dortigen Regelungen zufrieden und hielt sie wirklich für vernünftig. Das war aber auch nicht der

Punkt. Es bestand vielmehr ein überwältigendes Bedürfnis nach einer bundeseinheitlichen Regelung, die auch von allen beachtet wird.

Entscheidend ist, dass sich in Ländern mit einem verlässlichen *rule of law* die Bürger im Durchschnitt darauf verlassen können, dass die Gesetze so angewandt werden, wie es ihrem Sinn und ihrem Wortlaut entspricht, und dass sie eine solche Anwendung notfalls gerichtlich erzwingen können, wenn sie selbst betroffen sind. Überdies haben sie die Gewähr, dass die gerade regierenden Politiker Gesetze nicht willkürlich ändern können, sondern dabei per Gesetz an bestimmte Verfahren gebunden sind. Auch können Politiker nicht alles in Gesetze schreiben, selbst wenn sie eine parlamentarische Mehrheit haben, da sie beispielsweise die Verteilung der Zuständigkeiten im Bundesstaat, die Einschränkungen durch europäisches und internationales Recht und die von der Verfassung gezogenen Grenzen beachten müssen.

Jeder demokratische Rechtsstaat offenbart bei Lichte besehen eine Fülle von Mängeln in der inneren Logik des Rechtssystems, bei seinem Vollzug, bei seiner Effizienz oder seiner Gerechtigkeit (je nach dem Maßstab, den man anlegt). Aber das ist nicht das Entscheidende, denn das demokratische System bietet grundsätzlich Wege zur gewaltfreien Änderung. Wichtiger ist die *Abstufung* zwischen den Systemen. Der dänische Rechtsstaat funktioniert mit Sicherheit besser als der italienische, und dieser wohl besser als der griechische. Aber wahrscheinlich ist selbst das griechische System immer noch besser als die »lupenreine Demokratie« von Wladimir Putin. Was die tatsächliche Geltung eines *rule of law* und dessen Schutz vor politischer Willkür und Gewalt angeht, gibt es auf der Welt zwischen Nordkorea auf der einen und den skandinavischen Ländern auf der anderen Seite ganz viele Zwischenstufen.

Es geht ja nicht nur um rechtliche Inhalte. Entscheidend ist die *Durchsetzung* des Rechts durch den Staat und die Möglichkeit des Bürgers, sich gegen Rechtsverletzungen zu wehren. Das variiert von Staat zu Staat und von Rechtsgebiet zu Rechtsgebiet:

- Im Zivilrecht kommt es darauf an, ob der Bürger gegen Rechtsverletzungen, die ihn betreffen, grundsätzlich klagen kann, und wie leistungsfähig und gesetzestreu die Gerichtsbarkeit bei der Bearbeitung solcher Klagen ist. Ähnlich ist es beim Verwaltungs- und Steuerrecht, soweit es das Verhältnis zum Bürger betrifft.
- Im Strafrecht steht dem Bürger grundsätzlich nur eine Strafanzeige zu, der Rest ist die Angelegenheit von Polizei und Staatsanwaltschaft.
- Gesetzliche Vorschriften, die sich an den Staat selbst richten, bieten ihrer Natur nach häufig gar keine rechtlichen oder tatsächlichen Ansatzpunkte für Klagen der Bürger. Das gilt zum Beispiel für die meisten Bestimmungen des Haushaltsrechts und der Finanzverfassung. Es gilt aber auch für zahlreiche Normen der EU, die die Mitgliedsstaaten zu einem bestimmten Verhalten verpflichten, ohne dass sich daraus individuelle Rechtsansprüche von Bürgern ergeben. So liefen zentrale Regeln des Maastricht-Vertrags zur Finanz- und Währungsordnung in der Europäischen Währungsunion letztlich leer und wurden durch Staatspraxis seit 2009 teilweise sogar in ihr Gegenteil verkehrt. Auch die Rechtsprechung des Bundesverfassungsgerichts bot hier keinen Schutz.[62]

In den letzten Jahren sind die Menge und Bedeutung europäisch gesetzten Rechts stark angestiegen. Dessen teilweise extrem unterschiedliche Anwendung in den Mitgliedstaaten (die bis zu glattem Rechtsbruch reichen kann) wird geduldet und kann kaum sanktioniert werden. Das ist gegenwärtig bei zwei grundsätzlichen Übereinkünften besonders augenfällig: Zentrale Vorschriften des Maastricht-Vertrags zur Europäischen Währungsunion wurden in umfangreicher Weise verletzt und ergänzende Bestimmungen und Verträge, die der Behebung von Mängeln dienen sollten, weitgehend nicht beachtet. Vereinbarungen und Regelungen zur Kontrolle der gemeinsamen Außengrenzen des Schengen-Raums sowie zum Umgang mit Asylbewerbern haben versagt. Die Vorkommnisse rund um diese beiden Kernprobleme Europas haben durchaus das Zeug, das Vertrauen vieler Bürger in den Rechtsstaat grundsätzlich zu erschüttern.

Europäisches Vertragsrecht ist zum großen Teil politisches Recht, es bindet in erster Linie die Politiker. Diese Bindungswirkung wird offenbar in Ländern wie Griechenland, Italien und selbst Frankreich anders interpretiert als in Deutschland. Vertragsinhalte, die in Deutschland ernst genommen wurden, hatten und haben bei vielen Vertragspartnern allenfalls den Charakter unverbindlicher Absichtserklärungen. Die Sache wird nicht einfacher dadurch, dass die rechtliche Gemengelage zwischen Vertrags- und Gesetzestexten, widersprüchlichen politischen Zielsetzungen, der nationalen und der europäischen Ebene und dort wiederum zwischen der Gerichtsbarkeit und der Politik die unterschiedlichsten rechtlichen Interpretationen desselben Sachverhalts ermöglicht. Das Recht und seine Interpretation trägt hier selbst zum Chaos bei, anstatt Ordnung zu schaffen.[63] Die europäische Politik rund um den Euro und seine Rettung verhinderte jahrelang bis heute die Anwendung geltenden Rechts – bis hin zum glatten Rechtsbruch – und entzog sich so der Beschränkung durch das Recht. Hier gilt wieder das Wort von Carl Schmitt: »Souverän ist, wer den Ausnahmezustand ausrufen kann«, mithin das Recht suspendieren kann.

Politik, Konformität und Opportunismus

Auch Politik unterliegt den universalen Gesetzmäßigkeiten menschlichen Verhaltens, und das erzeugt den Druck zur Konformität überall dort, wo sich eine soziale Gruppe bildet. Menschen wollen in einer Gruppe, der sie sich zugehörig fühlen, nicht unangenehm auffallen. Sie nehmen als Preis für die Geborgenheit in der Gruppe in Kauf, unliebsame Meinungen für sich zu behalten und gegebenenfalls sogar zu lügen. Das gilt insbesondere bei politischen Diskussionen und in digitalen sozialen Netzwerken, wo sich die Betroffenen nicht persönlich kennen.[64] Auch die internationalen Eliten bilden in gewissem Sinn eine soziale Gruppe, die durch ihren eigenen Meinungskonformismus geprägt ist, z.B. was die bejahende Haltung zur Globalisierung angeht.[65]

Politik steht stets im Spannungsfeld zwischen politischer Willensbildung, Konkurrenz um die Macht und Machtausübung. Diese drei Elemente lassen sich zwar rein logisch voneinander unterscheiden, sind aber in der politischen Wirklichkeit untrennbar miteinander verwoben:

- *Politische Willensbildung* findet im vorpolitischen Raum am Stammtisch, im Freundeskreis oder in der Familie statt. Sie setzt sich fort in der streitigen gesellschaftlichen Diskussion, in den Medien, auf Parteiversammlungen, bei der Aufstellung von Parteiprogrammen, bei Wahlkämpfen, bei der Erarbeitung eines Koalitionsvertrages, bei der Erarbeitung von Gesetzentwürfen, bei Haushaltsberatungen, bei Sitzungen des Europäischen Rates, in der

UNO-Vollversammlung und bei vielen anderen Gelegenheiten.

- *Konkurrenz um die Macht* findet statt bei der politischen Diskussion in den Medien, bei Wahlen für Parteiämter, beim Streit um das Parteiprogramm, bei der Aufstellung von Kandidaten für Stadträte und Parlamente, bei Wahlen, bei Koalitionsverhandlungen, bei der Auswahl für Ämter in den Parlamenten und für Regierungen. Sie setzt sich fort im Streit um Gesetzentwürfe und andere Maßnahmen der Regierungspolitik.
- *Politische Machtausübung* findet statt, wo politische Entscheidungen getroffen, wirksam interpretiert und durchgesetzt werden.

Rein theoretisch sollte in der politischen Willensbildung das Ursprüngliche und Individuelle aufeinanderprallen und sich im freien Wettbewerb der Meinungen bewähren. Dann sollten die so zum Profil gewordenen unterschiedlichen Meinungsbilder in einem organisierten Prozess um die Macht streiten. Am Ende sollten jene, die sich dabei durchgesetzt haben, die gewonnene politische Macht dazu nutzen, ihre Ankündigungen umzusetzen. Das funktioniert aber nur in Ausnahmefällen und nur bei ganz wenigen großen Themen. Wie in Kapitel 1 gezeigt, tat zum Beispiel Angela Merkel in ihrer Regierungszeit bei allen großen politischen Themen durchweg das Gegenteil von dem, was zuvor im Wahlprogramm der Union angekündigt worden war.

Normalerweise geht es in der Politik stets um ganz viele Themen gleichzeitig. Diese haben rein sachlich teilweise nichts miteinander zu tun, sind stellenweise dennoch eng miteinander verwoben. Zudem haben die meisten Themen eine Geschichte mit zahlreichen Vorfestlegungen. Fast nirgendwo in der Politik kann man je bei null anfangen. In der praktischen Politik kommt es am Ende auf die richtige Balance zwischen zahlreichen Themen und ihren widersprüchlichen Maximen an. Bei näherer Betrachtung ergibt sich fast nichts mit eindimensionaler Schlüssigkeit. Wenn politische Willensbildung adäquat ist, bildet sie genau diese Komplexität ab. Sie verliert deshalb häufig jede ästhetisch befriedigende Eindeutigkeit und ist darum auch nur selten transparent.

Der Mangel an Transparenz macht es bereits objektiv schwer, opportunistische und sachliche Argumente voneinander zu unterscheiden. Hinzu tritt noch die Motivlage der an der Willensbildung Beteiligten. Es geht in der politischen Debatte ja nicht nur darum, das Wahre und Richtige zu finden, sondern auch um Machtkonkurrenz: Bei der Diskussion um Sachfragen werden Bündnisse geschlossen, Gegnern wird eine Abstimmungsniederlage zugefügt. Geht es um ein wichtiges Thema, sind damit die unterlegenen Gegner auch generell in ihrer Durchsetzungsfähigkeit beschädigt oder werden plötzlich als schwach und ohnmächtig wahrgenommen.

Eine politische Auseinandersetzung dreht sich selten nur um die Sache und ist darum objektiv stets auch mit Opportunitätserwägungen verbunden. Für jene, die politische Macht erringen und verteidigen wollen, ist jede Diskussion um Sachfragen immer auch ein Loyalitätstest für Verbündete und Mitstreiter und eine Möglichkeit, potenzielle Konkurrenten auszuspähen und ihnen eine Niederlage zuzufügen. Politische Debatten wirken oft deshalb so irritierend, weil erkennbar nicht die Sache, sondern der Sieg über den Gegner im Mittelpunkt steht.

Bei der Konkurrenz um die Macht gibt es stets Parteiungen. Formalisierte politische Parteien sind hier quasi nur die Spitze des Eisbergs. Sobald es um die Macht geht, ist eine gewisse Einheitlichkeit des Argumentierens und Handelns nötig. Diese wird durch eine Einheitlichkeit des Denkens erleichtert, und wenn schon nicht die Einheitlichkeit des Denkens, dann zumindest die Konformität der geäußerten und wahrnehmbaren Kommunikation. Deshalb ist dem politischen Prozess ein gewisser Zwang zur Konformität immanent.[66] Dieser Zwang wird psychologisch unterstützt durch die Eigendynamik der Gruppenbildung. Bei der Auseinandersetzung um politische Macht geht es immer um »wir« und »die«, um »uns« und die »anderen«. So wie Fußballmannschaften einheitliche Trikots tragen, vertreten die Mitglieder politischer Gruppierungen gemeinsame Meinungen. Da mag sich der eine oder andere mal durch einen Farbtupfer abheben, aber das geht immer nur innerhalb eines engen Rahmens. Wer zu stark abweicht, wird mit Ausstoßung aus der Gruppe bestraft.

So erging es z.B. mir mit der SPD. Obwohl ich schon seit 2009 kein politisches Amt mehr bekleidete und auch keine Funktionen in der SPD ausübte, empfand es der führende Funktionärskader offenbar als unerträglich, dass in Zusammenhang mit dem Verkaufserfolg meiner Bücher immer wieder auch meine langjährige SPD-Mitgliedschaft erwähnt wurde. Zwar stand keine Zeile meiner Bücher im Widerspruch zu irgendeiner Aussage im gültigen Grundsatzprogramm der SPD, dem Hamburger Programm aus dem Jahr 2007. Das war aber gleichgültig. Ich passte nach der Empfindung der Funktionäre nicht mehr zum Selbstbild der SPD, so wie die Parteiführung es sah, und musste deshalb entfernt werden. So geschah es. Mir hat das nicht geschadet und der SPD nicht genutzt. Als ich 2020 ausgeschlossen wurde, stand die SPD in den bundesweiten Umfragen bei 15 Prozent, gegenwärtig (Mai 2021) schwanken die Umfragen zwischen 14 und 16 Prozent. Mit innerparteilicher Demokratie hatte der Ausschluss nichts zu tun, ich hatte durch meine Publikationen ganz einfach das Konformitätserfordernis verletzt.

Machtbewusste und erfolgreiche politische Führer vergewissern sich, dass ihre Gefolgsleute sich in jenen Fragen konform äußern, konform handeln und möglichst auch konform denken, die sie für ihre Macht als zentral erachten. Wer das nicht beachtet, wird mit Machtverlust bestraft oder auf mindere Positionen abgeschoben. Wer sich nicht beugt, muss mit jenen Aggressionen rechnen, die Außenseitern in einer Gruppe drohen. So lässt sich die Äußerung des damaligen Kanzleramtsministers Ronald Pofalla erklären, der 2011 seinen Parteifreund den Parlamentskollegen Wolfgang Bosbach angiftete: »Ich kann deine Fresse nicht mehr sehen.« Bosbach hatte sich erdreistet, Angela Merkels Politik zur Euro-Rettung mit Sachargumenten zu kritisieren.

In der Summe gilt: Konformes Verhalten ist in der Politik der Karriere förderlich. Ein konformes Verhalten ist dann opportunistisch, wenn es nicht der eigenen Überzeugung entspricht. Da aber dieser Unterschied nach außen gar nicht sichtbar ist und häufig sogar den Opportunisten selbst – infolge ihres Wunschdenkens – verborgen bleibt, gilt leider auch: Opportunistisches Verhalten ist in der Politik der Karriere förderlich.

Der Hang zum Opportunismus ergibt sich nicht aus besonderen moralischen Defiziten der Politiker, sondern unmittelbar aus der Grundmechanik von Politik. Selbstverständlich gibt es überall opportunistisches Verhalten, wo Menschen tätig sind und persönliche Ziele verfolgen. Allerdings halten sich in der modernen Leistungsgesellschaft die Vorteile in Grenzen, die durch opportunistisches Verhalten zu erzielen sind, da die berufliche Leistung vielfältig messbar ist, ob es sich nun um einen Maurer, Buchhalter, Anwalt oder Ingenieur handelt. Die Leistung eines Politikers ist dagegen kaum zu messen, wenn man nicht Wahlerfolge als Maßstab nimmt. Die Leistungsauslese für Politiker ist deshalb ein grundsätzliches Strukturproblem. Goldene Zunge und Opportunismus können hier weiter führen als in den meisten anderen Berufen.

»Kant machte einmal die Bemerkung, dass sich der Satz ›Ehrlichkeit ist die beste Politik‹ als sehr fragwürdig erweisen könne; der Satz ›Ehrlichkeit ist besser als jede Politik‹ sei jedoch über jeden Zweifel erhaben.«[67]

Kapitel 3

Das Menschliche in der Politik

Der sich aus der Struktur von Politik objektiv ergebende Konformitätszwang und der subjektive Opportunismus des menschlich agierenden Individuums sorgen gemeinsam dafür, dass das Verhalten von Politikern sich nur schwer an Idealen messen lässt. Formal ist der gewählte Abgeordnete nur seinem Gewissen verpflichtet, so wie es im Grundgesetz steht. Tatsächlich wirkt eine Vielzahl von Zwängen auf ihn ein, und so ist er oft doch nur ein Rädchen in einer Maschine. Das ist nicht neu, sondern war schon vor 100 Jahren überall dort Realität, wo es gewählte Parlamente gab.[1] Im Übrigen ist der Politiker primär nicht Typus, sondern Mensch, und das prägt auch sein Sosein als Politiker.

Politik als Beruf

Politische Betätigung umfasst ein weites Feld: Sie reicht von kleineren und größeren Ehrenämtern in Verbänden und Parteien über die Betätigung in Bürgerinitiativen oder die Teilnahme an Demonstrationen bis zur Leitung eines Staates. In unterschiedlichem Umfang leben die Politiker »für« die Politik. Sobald die Tätigkeit einen gewissen Umfang übersteigt und sie kein anderes Einkommen haben, müssen sie auch »von« ihr leben. Abgeordnete und Inhaber von Staatsämtern müssen für ihre Tätigkeit angemessen entgolten werden, sonst gäbe es nur Vermögende in solchen Ämtern.

Damit ist für viele Politiker die Tätigkeit in der Politik auch Brotberuf, und sie sollten in politischen Ämtern objektiv in der Lage sein, ihr Brot nicht durch Gefälligkeiten oder durch Korruption erwerben zu müssen.

Für die Besten unter den Politikern ist Politik auch Berufung. Ihnen gilt die Warnung Max Webers, nur der habe den »Beruf« zur Politik, der »daran nicht zerbricht, wenn die Welt, von seinem Standpunkt aus gesehen, zu dumm oder zu gemein ist für das, was er ihr bieten will«.[2] Man könnte auch sagen: Politiker brauchen eine extrem hohe Frustrationstoleranz. Das gilt nicht nur, wenn sie in Ämtern sind, und erst recht, bis sie in wichtige Positionen kommen. Die »Ochsentour«, bis man Abgeordneter ist oder gar ein Regierungsamt hat, ist ermüdend, risikoreich und intellektuell oft wenig herausfordernd. Sie erfordert auch nicht unbedingt jene Qualifikationen, die man braucht, um später in Ämtern zu bestehen.

Max Weber hielt »drei Qualitäten vornehmlich entscheidend (...) für den Politiker: Leidenschaft – Verantwortungsgefühl – Augenmaß«.

- »Leidenschaft im Sinn von *Sachlichkeit*«, nämlich »leidenschaftliche Hingabe an eine ›Sache‹«
- »*Verantwortlichkeit* gegenüber ebendieser Sache«, indem man sie »zum entscheidenden Leitstern des Handelns macht«.
- *Augenmaß* als Fähigkeit, »die Realitäten mit innerer Sammlung und Ruhe auf sich wirken zu lassen, also: der Distanz zu den Dingen und Menschen«.[3]

In modernem Managementdeutsch würde ich das so ausdrücken: Ein guter Politiker braucht erstens den Willen und die Fähigkeit, sich – trotz aller Ablenkungen, die der politische

Betrieb mit sich bringt – zu fokussieren. Er braucht zweitens den Willen und die Fähigkeit, die Sache, auf die er sich fokussiert, intellektuell und politisch möglichst tief zu durchdringen. Und er braucht drittens Distanz und Überblick, um die Sache, der seine Leidenschaft gilt, richtig einzuordnen, damit er kompromissfähig bleibt und den Gesamtzusammenhang von Politik im Blick behält.

Anders als bei vielen anderen Berufen ist es beim Politiker schwer, ihn an den Ergebnissen seiner Arbeit zu messen. Diese sind oft das Resultat kollektiver Prozesse, die nur schwer konkret zurechenbar sind. Und noch schwerer ist es, ihn für das Ergebnis seiner Arbeit zu belohnen. Auf Wahlkreiskonferenzen ist oft gar nicht bekannt, was der gewählte Abgeordnete geleistet hat oder nicht. Listenplätze werden nach Gesichtspunkten des Proporzes und der parteiinternen Machtverteilung vergeben. Wahlergebnisse hängen von allerlei Faktoren ab, mit denen der Kandidat wenig oder gar nichts zu tun hat. Wer in seine Sichtbarkeit investiert und vielen nach dem Mund redet, kommt oft weiter als der fleißige »Experte für ...«. So viel Ungerechtigkeit, Leerlauf und Zufall auszuhalten, ist nicht jedermanns Sache. Am ehesten aushalten können dies Idealisten, Wichtigtuer und Betriebsnudeln – keine unbedingten Qualifikationsmerkmale für wichtige öffentliche Ämter.

Politik und Intelligenz

Man unterschätze nicht die sozialen Fähigkeiten und die praktische Intelligenz, die man braucht, um sich – beginnend im Ortsverein der Partei – auf der Ochsentour von Wahlamt zu Wahlamt hochzuarbeiten, in der Sache tätig zu sein, Bündnisse zu schließen, die Wettbewerber nicht aus den Augen zu verlieren und gegebenenfalls auszuschalten et cetera. Hilfreich fürs Weiterkommen sind Beredsamkeit, soziale Kompetenz, situatives Gespür und ein gutes Gedächtnis für Personen. Analytische Fähigkeiten, fachliches Wissen, Allgemeinbildung, Urteilskraft und generell eine sehr gute Allgemeinintelligenz schaden beim politischen Aufstieg zwar nicht, sind aber auch nicht unbedingt notwendig. Allerdings wirken sie indirekt auf die Selbstauswahl der politischen Klasse. Wer besondere Fähigkeiten und eine hohe Intelligenz hat, entscheidet sich nämlich allzu oft gegen die politische Laufbahn, weil er seine knapp bemessene produktive Lebenszeit anders nutzen möchte. Deshalb offenbart sich immer wieder ein eklatanter Mangel, wenn man in Parlamenten nach kompetenten, erfahrenen Kandidaten für hohe Regierungsämter sucht. Es ist nämlich ein großer Unterschied, ob man der innenpolitische Sprecher der XY-Fraktion ist oder das Amt des Innenministers kompetent verwaltet.

Natürlich muss ein gewählter Politiker nicht die gesamte Kompetenz mitbringen, die in der Bürokratie des Ministeriums steckt, das er leiten soll. Darum müssen an den Spitzen der staatlichen Bürokratien Führungskräfte stehen, die den Sachverstand ihrer Verwaltungen anleiten und nutzen können, andererseits aber auch die Maximen und Vorgaben der Politik verstehen und in kompetentes Verwaltungshandeln umsetzen können.[4]

Politik und Eitelkeit

Wer die Gabe der guten Rede besitzt und damit Menschen für sich gewinnen kann, hat in der Politik einen großen Vorteil. Im Juni 1991 drehte Wolfgang Schäuble mit einer eindringlichen

Rede die Stimmung im Bundestag, sodass sich überraschend eine knappe Mehrheit für den Umzug der Bundesregierung nach Berlin fand. 1995 schaffte es Oskar Lafontaine mit einer einzigen – so gar nicht geplanten – Rede auf dem Bundesparteitag der SPD in Mannheim, Rudolf Scharping zu stürzen und selbst Parteivorsitzender zu werden. 2005 hielt Gerhard Schröder auf dem Wahlparteitag der SPD eine improvisierte Rede zum »Professor aus Heidelberg«, gemeint war Prof. Paul Kirchhof, der von Angela Merkel auserkorene Kandidat für das Amt des Finanzministers. In wenigen Minuten schwenkte die längst auf Niederlage gestellte Stimmung im Saal um, der Wahlkampf der SPD nahm Fahrt auf, und Angela Merkel wäre der schon sicher geglaubte Wahlsieg um ein Haar entglitten.

Hitlers Aufstieg seit den frühen 1920er-Jahren wurde nicht zuletzt durch seine große Redegabe ermöglicht, und die Rede von Joseph Goebbels im Berliner Sportpalast nach der Niederlage von Stalingrad ist auch bei der Lektüre im Rückblick noch ein Meisterwerk der Demagogie (und Pflichtlektüre für jeden professionellen Redenschreiber). Zum Sowjetkommunismus ist zu sagen, dass Trotzki ein sehr guter Redner war, Stalin dagegen ein ziemlich schlechter.

Der politische Alltag stellt den politischen Amtsträgern (und jenen, die es werden wollen) immer wieder größere und kleinere Bühnen zur Verfügung. Die damit verbundene Aufmerksamkeit freut jeden in der Politik Tätigen und gehört praktisch zum Entlohnungssystem in der Politik. Wer zur Eitelkeit neigt, kommt hier leicht in Versuchung.

Eitelkeit an der falschen Stelle hat schon viele politische Karrieren beendet oder gar nicht erst Fahrt aufnehmen lassen. Schauen wir uns die Riege der längst vergessenen jungen Männer der CDU an, die sich einstmals informell im »Andenpakt«, dem konservativen Männerbund innerhalb der CDU, zusammengeschlossen hatten – darunter Roland Koch, Friedrich Merz, Christian Wulff. Eine unauffällige Frau aus Ost-Berlin schaffte es statt ihnen ins Kanzleramt und hielt sich dort 16 Jahre lang. Meistens schwieg sie. Aber ein einziger Artikel von ihr in der *FAZ* genügte, um das Denkmal Helmut Kohl vom Sockel zu stürzen und Wolfgang Schäuble als Parteivorsitzenden zu beerben. All die schönen und zahlreichen öffentlichen Auftritte haben ihren Konkurrenten nicht ins Kanzleramt verholfen. Ihr Vorteil war, dass sie keine Eitelkeit hatte, die ihr im Wege stand, oder dass sie diese eisern zähmte, indem sie einfach schwieg, wenn sie nichts sagen konnte, was wirklich nützlich für sie war. So ist es bis heute geblieben.

Politik und Erotik

Politiker sehen in der Regel nicht aus wie Filmstars oder Fußballspieler. Henry Kissinger, Anfang der 1970er-Jahre amerikanischer Außenminister, ist klein und ein bisschen rundlich. Dennoch fiel er durch seine zahlreichen Frauenbekanntschaften auf. Dazu befragt, antwortete er: »Macht ist das beste Aphrodisiakum.« Der Reichspropagandaminister Joseph Goebbels hieß in den Filmstudios wegen seines Klumpfußes und seines großen Verbrauchs an Filmschauspielerinnen »der Bock von Babelsberg«. Als Bonner Beamter mit Nähe zur Macht konnte ich in den 1970er- und 1980er-Jahren nicht umhin zu beobachten, dass eheliche Treue unter den mir bekannten Politikern zu den absoluten Ausnahmesachverhalten gehörte. Heute fällt das nicht mehr so auf, weil das bürgerliche Leben ganz allgemein mehr Anschluss an solche Verhältnisse gefunden hat. Damals schien mir wahr zu sein, dass die politische Macht als solche erotische Anziehungskraft entfaltet, unabhängig davon, wie ihr Träger gerade aussehen mag, und diese Vermutung habe ich noch heute.

Politik und Sucht

Den weitaus größten Teil seiner Arbeitszeit befasst sich der Politiker nicht mit Sachfragen, sondern er nimmt an Gremiensitzungen teil, er hat Auftritte unterschiedlichster Art oder pflegt Kontakte. Dabei muss er ununterbrochen zu Menschen freundlich sein, die er entweder nicht kennt oder verabscheut. Er muss Interesse an Fragen heucheln, die ihn langweilen. Er darf die wirkliche eigene Meinung (im Unterschied zur gerade angesagten Meinung der Partei, des Gremiums oder des eigenen Parteiflügels) allenfalls in vorsichtiger Dosierung äußern, und er muss ständig den Eindruck erwecken, als sei er in der Sache des Gemeinwohls, nicht aber in eigenen Angelegenheiten unterwegs. Dadurch wird eine fortdauernde Distanz zum eigenen Ich erzwungen, die sehr anstrengend ist, wenn er sie überhaupt durchhält, und auf Dauer im Wortsinn erschöpft. Eine kurzfristige Kompensation ist die Befriedigung der eigenen Eitelkeit durch die Aufmerksamkeit, die er auf sich zieht, und durch das Vergnügen, den eigenen Reden zu lauschen. Die Hoffnung auf Belohnung durch spätere Ämter tritt hinzu. Die größte nachhaltige Belohnung erfährt man als Politiker, wenn man in Sachen Erfolg hat, denen man sich innerlich verpflichtet fühlt. Das setzt aber voraus, dass man entsprechende politische Sachinteressen überhaupt hat und dort auch kurzfristige Erfolge erfährt. Da zehren meistens die sprichwörtlichen Mühen der Ebenen viel mehr als der kurzfristige (und seltene) Gipfelsturm.

Um dies auszuhalten, ist es wichtig, sich »gut drauf« zu fühlen und den politischen Freunden, den Wettbewerbern und dem Publikum denselben Eindruck zu vermitteln. Dabei können Sucht- und Rauschmittel jedweder Art kurzfristig helfen. Das geht im Alltag relativ leicht, weil ein Politiker – anders als ein Zahnarzt, ein Installateur, ein Ingenieur oder ein Buchhalter – kaum daran gemessen wird, ob er seine tägliche Arbeit hinreichend schnell, präzise und mängelfrei erledigt. Der Alkoholkonsum in der Politik war schon immer eine Art Berufskrankheit. Er betraf Willy Brandt und Franz Josef Strauß gleichermaßen. Über Walter Wallmann ging seinerzeit als hessischer Ministerpräsident der Spruch um: »Der Tag geht, Walter Lallmann kommt.« Der FDP-Bundestagsabgeordnete Detlef Kleinert, langjähriger Vorsitzender des Finanzausschusses, hielt unter Alkoholeinfluss seine besten Reden. Der Insider erkannte Kleinerts aktuellen Promillewert an dem Neigungswinkel, mit dem sich der groß gewachsene Mann nach vorne aus dem Rednerpult lehnte. 45 Grad wurden dabei ohne Weiteres erreicht, und oft befiel mich der Gedanke: »Gleich fällt er heraus.«

Meine ersten Jahre als Finanzstaatssekretär in Rheinland-Pfalz überschnitten sich mit den späten Amtsjahren des Rechnungshofpräsidenten Wolfgang Brix. Dieser hochintelligente, vom politischen Leben gesundheitlich schwer gezeichnete Mann erzählte mir, wie er von Helmut Kohl, damals Vorsitzender der CDU-Fraktion im Landtag, auf ein Bewerbungsgespräch beim Stadtrat für das Amt des Oberbürgermeisters von Neustadt an der Weinstraße vorbereitet wurde. Nachdem Kohl mit ihm Sachfragen und Personen sorgfältig durchgesprochen hatte, gab er ihm die Empfehlung: »Eine Stunde vor dem Gespräch setzen Sie sich ins Lokal und trinken eine Flasche Wein. Das nimmt Ihnen Nervosität und hilft Ihrer Überzeugungskraft vor dem Stadtrat.« Brix befolgte den Ratschlag und wurde nach einer offenbar überzeugenden Vorstellung mit einer Stimme Mehrheit gewählt. Er bekleidete das Amt des Oberbürgermeisters für 16 Jahre.

Viele sogenannte politische Kompromisse erfordern, damit sie überhaupt möglich sind, eine gewisse Unschärfe des Blicks. Dabei treten große Konturen und denkbare Einigungslinien deutlicher hervor, während die mit ihnen verbundenen inneren Widersprüche als »Details« stärker zurücktreten oder ganz unsichtbar werden. Diese Blickweise erleichtert den Kompromiss. Diese politische Sicht auf Probleme, die den Kompromiss befördert, ist oft dem alkoholisierten Blick gar nicht so unähnlich. Es ist kein Zufall, dass viele unrühmliche politische Kompromisse so aussehen, als seien sie unter Alkoholeinfluss zustande gekommen.

Während meiner Zeit als Berliner Finanzsenator war ich unter der Woche an zahlreichen Abenden – in meinen ersten Amtsjahren sogar an den meisten Abenden – irgendwo in der Stadt unterwegs. Schließlich musste ich für eine unpopuläre Sparpolitik werben und, wo immer ich konnte, meine Überzeugungskraft einbringen, ohne dabei aufdringlich oder fanatisch zu wirken. Meine zahlreichen Auftritte änderten allmählich die Sichtweisen in der Stadt, erhöhten meine Durchsetzungsfähigkeit und waren sehr wichtig für die Verwirklichung des Konsolidierungskurses. Regelmäßiger Alkoholgenuss war dabei eingeschlossen, und ich sah quasi täglich die Gefährdungen, die das für viele bedeutete. Aus den Augenwinkeln zählte ich die Weingläser anderer und zeichnete mir so eine persönliche Alkoholkarte Berlins. Natürlich behielt ich die Ergebnisse für mich und gebe sie auch an dieser Stelle nicht preis.

Dem Gewohnheitstrinker in der Politik merkt man seinen Alkoholpegel nicht an, aber seine Urteilskraft und Geistesschärfe werden gleichwohl davon beeinflusst. Noch weniger merkt man den Einfluss von Drogen, ob es sich um Antidepressiva, Tranquilizer, Aufputschmittel oder Designerdrogen handelt. Aus eigener Erfahrung kann ich keine verlässlichen Aussagen zum Umfang ihrer Verbreitung unter Politikern machen, noch habe ich solche in Zeitungen und Zeitschriften gefunden. Sie haben zahlreiche Vorteile des Alkohols, können aber viele seiner Nachteile scheinbar vermeiden. Ihr Missbrauch ist für lange Zeit weniger sichtbar als bei Alkohol. Ihre große Verbreitung in der Gesellschaft macht sie auch für Politiker attraktiv, zumal die Beschaffung viel einfacher ist als früher. Es hat auch mich schockiert, als im Sommer 2014 öffentlich bekannt wurde, dass der innenpolitische Sprecher der SPD im Bundestag, Michael Hartmann, zumindest für einige Zeit die gefährliche Designerdroge Crystal Meth konsumiert hatte. So etwas wünscht man sich nicht bei einem Abgeordneten, der im parlamentarischen Kontrollausschuss für die Geheimdienste sitzt und dessen Rolle als Informant in der Affäre um seinen Parlamentskollegen Sebastian Edathy immer noch ungeklärt ist.

Politik und Treue

Für den Aufbau, das Funktionieren und die Stabilität des Staates spielen Treueverhältnisse gegenüber Institutionen und Amtsinhabern eine kaum zu überschätzende Rolle. Sie sind quasi der Zement des Staatsgebäudes, der eine stabile Statik erst ermöglicht. Im modernen Rechtsstaat ist diese Treue in weiten Bereichen aber nicht mehr die Gefolgschaftstreue, wie sie der Vasall gegenüber dem Lehnsherrn schuldete, und auch nicht die Gefolgschaftstreue gegenüber einem charismatischen Führer. Es ist vielmehr die Treue des Staatsdieners gegenüber dem Gesetz und daraus folgend der Gehorsam gegenüber Institutionen und ihren Amtsträgern.

Das ist hier nicht gemeint. Zum Erringen und zur Sicherung politischer Macht bedarf es Treueverhältnisse anderer Art: Unter den Politikern, die sich zwecks Erreichung bestimmter Ziele generell und im Einzelfall zusammenschließen, muss sich eine Hierarchie an Kompetenzen und Personen herausbilden, wenn man erfolgreich arbeiten will. Diese kann sich aber auch wieder auflösen, sie ist grundsätzlich kündbar. Die Dynamik solcher Treueverhältnisse wird gesteuert durch Erfolg, Misserfolg und persönlichen Ehrgeiz. Erfolgreiche politische Zusammenarbeit, mit welchem Ziel auch immer, setzt Vertrauen voraus und dieses wiederum Treue. Loyalität ist ein anderes Wort dafür.

Loyalität unter Politikern gilt nicht absolut. Sie ist – auch wenn das so nicht ausgesprochen wird – stets pragmatisch und zweckgebunden. Für die CDU-Generalsekretärin Angela Merkel war eben irgendwann der Zeitpunkt gekommen, an dem es richtig schien, sich ohne Vorankündigung aus einem überholten Loyalitätsverhältnis zu lösen und selbst Parteivorsitzende zu werden. Politisch bedingte Interessenbündnisse können sich täglich auflösen, wenn sich die Interessen ändern. Partner in politischen Interessenbünden nennen sich oft Freunde, und sie mögen das sogar glauben, wenn sie einander länger kennen. Tatsächlich können sie keine Freunde sein, denn das Funktionieren von Politik erfordert die permanente Bereitschaft zur Aufkündigung von Bündnissen, die ihren politischen Zweck nicht mehr erfüllen.

Wenn man so will, kann man hinter dieser Mechanik sogar eine sachliche Erklärung (nicht moralische Rechtfertigung) für den stalinistischen Terror sehen: Stalin brachte neben den Feinden des Sozialismus ganz einfach alle um, bei denen er Gefahr witterte, dass sie ihre Rolle politisch verstanden oder in Zukunft so verstehen würden.

Politik und Freundschaft

»Freundschaft« in der Politik trägt meist den Charakter einer Proklamation oder politischen Demonstration, sie ergibt sich aus einem politischen Zweck und ist mit persönlicher

Freundschaft nicht zu verwechseln. Auch Markus Söder und Armin Laschet versicherten im März und April 2021 ununterbrochen, dass sie »Freunde« seien, während sie doch erbittert und mit (fast) allen Mitteln um die Rolle des Kanzlerkandidaten rangen. Gleichwohl ist es für einen Politiker sehr wichtig, vertrauensvolle Arbeitsbeziehungen zu anderen, für seinen Erfolg wichtigen Politikern herzustellen, die von psychologischer Einfühlung, verständigem Eingehen auf die Interessen des anderen und generell von einem Geist des Gebens und Nehmens bestimmt sind. So etwas kann die politischen Transaktionskosten ungemein senken. Für die Außenpolitik hat man dazu die Diplomatie und mit dem »Diplomaten« auch einen ganzen Berufsstand erfunden.

Die Außenpolitik des amerikanischen Präsidenten Barack Obama wurde lange Zeit offenbar auch dadurch behindert, dass es ihm nicht gelang (oder er nicht daran interessiert war), zu den Führern anderer Staaten ein persönliches Vertrauensverhältnis herzustellen. Helmut Kohl dagegen veranstaltete mit seinem Freund Boris Jelzin ausgiebige Saunabesuche, und Gerhard Schröder verband mit Wladimir Putin eine »Männerfreundschaft«. Angela Merkel fand nach einigem Anlauf ein gutes persönliches Verhältnis zu Nicolas Sarkozy, dagegen lange Zeit nicht zu seinem Nachfolger François Hollande.

Mussolini und Hitler waren miteinander befreundet, soweit unter solchen Menschen Freundschaft möglich war. Als aber 1943 die Alliierten von Nordafrika nach Sizilien übersetzten, hatte Mussolini im Faschistischen Großrat plötzlich keine Freunde mehr. Er wurde umstandslos abgesetzt und durch Marschall Pietro Badoglio ersetzt. Italien schied aus dem Achsenbündnis aus und bot einen Waffenstillstand an. Dieser »Verrat« erhitzte die deutschen Gemüter. Sie hätten es besser wissen müssen: Staaten haben keine Freunde, sie haben Interessen.

Politik und Klientel

Das »Allgemeinwohl« oder das »Wohl des deutschen Volkes«, wie es im Grundgesetz heißt, ist eine abstrakte Größe. Ein einheitliches Gesamtinteresse der Bürger einer politischen Einheit gibt es nur in Bezug auf ganz wenige Fragen. Dazu mag die Erhaltung des Friedens zählen, die Bekämpfung von Seuchen oder generell die Verbesserung der Volksgesundheit. Schaut man näher hin, ist es aber auch hier mit der Interessenidentität schnell vorbei. Bedeutet die Erhaltung des Friedens, dass man einen pazifistischen Standpunkt einnimmt, oder bedeutet es, dass man daran mitwirkt, Friedensstörer überall in der Welt militärisch zu bekämpfen? Wer entscheidet eigentlich, was den Frieden stört? Bedeutet Friedenserhalt mehr oder weniger Militärausgaben? Bedeutet die Erhaltung von Volksgesundheit das Verbot von Alkohol und Zigaretten? Oder soll man nicht auch – wegen der allgemein zunehmenden Fettleibigkeit – Fertigpizza, Fischstäbchen und Hamburger verbieten?

Der sogenannte öffentliche Wille fällt sofort in Teilinteressen auseinander, sobald man die allerhöchste Ebene idealer Ziele verlässt. In der Wirklichkeit der politischen Auseinandersetzung suchen sich die Vertreter der Teilinteressen Ansprechpartner in der Politik, und die tatsächliche Auseinandersetzung ist dann weniger von hohen Zielen als vom politischen Kampf um diese Teilinteressen geprägt. Verbände und Interessengruppen suchen sich Politiker, die ihnen nahestehen, um diese zu ihrem Sprachrohr zu machen, und die Fachleute in den Parlamenten haben häufig ein offenes Ohr für jene Verbände, deren Belangen sie nahestehen. Das geht auch gar nicht anders, egal ob es gerade um die Belegungsdichte in Schweineställen, um die Erstattungsfähigkeit der Kosten bestimmter Medikamente durch die Krankenkassen oder um familienrechtliche Fragen der Leihmutterschaft geht. So gibt es in der Politik die Bauernlobby, die Autolobby, die Rüstungslobby, die Gleichstellungslobby etc. Die jeweilige Klientel sucht sich ihre Politiker, und diese versuchen, die Interessen ihrer »Klienten« bestmöglich zu vertreten. Natürlich hatte die katholische Kirche traditionell die relativ größte Lobby in der CDU, die Gewerkschaften können sich traditionell auf die SPD verlassen, während sich Biobauern und Freunde von mehr Fahrradwegen am besten bei den Grünen aufgehoben fühlen.

Insofern haben Politiker ganz unvermeidlich immer »Klienten«, für deren Interessen sie sich besonders engagieren. Zwischen dem erstrebenswerten Abgleich ganz unterschiedlicher Interessen, die alle ihre Stimme im politischen Konzert brauchen, und einer einseitigen Politik zugunsten bestimmter Interessen und zulasten anderer auf Kosten des Allgemeinwohls gibt es einen langen, langen Übergang. Ein tatsächlich erzielbares politisches Ergebnis wird regelmäßig vielen berechtigten Ansprüchen nicht gerecht werden können. Oft werden auch die falschen Interessen obsiegen, dann hat sich die falsche Klientel durchgesetzt. Reale Politik kann Interessen nicht vernachlässigen, auch die beste Politik unterscheidet sich von der übelsten Klientelwirtschaft immer nur graduell. Der Politiker, der die Interessen einer starken Klientel mit Erfolg vertritt, hat davon auch meist Nutzen für seine politische Karriere: Er wird bekannt, erhält eine lobende Erwähnung in den Zeitungen, wird zu Verbänden eingeladen, um dort zu reden, kommt auf interessante Veranstaltungen und Empfänge und darf auf Spenden für seine Wahlkreisarbeit hoffen. Damit ist er noch lange nicht korrupt, aber auch dieser Übergang ist gleitend.

Politik und Korruption

Es ist unvermeidlich, dass der Politiker Interessen dient. Damit nimmt er zunächst einmal nur seine Aufgaben wahr. Unvermeidlich ist auch, dass er bei allen seinen Handlungen an die Sicherung und den Ausbau seiner Macht denkt. Ohne die Verfügung über Macht kann er keine Politik betreiben. Schließlich ist es unvermeidlich, dass er in vielen Fragen opportunistisch und wider besseres Wissen handelt, weil er Zusagen aus bestimmten Tauschgeschäften einlöst, weil er bestimmte Verbündete nicht verprellen will, weil er unter Fraktions- und Gruppenzwang steht oder weil er ganz einfach an seinen eigenen langfristigen Vorteil denkt. Dieser persönliche Vorteil kann darin bestehen,

- dass sich seine Chancen auf Wiederwahl verbessern,
- dass er sich andere gewogen stimmt, die ihm ein begehrtes Amt verschaffen sollen,
- dass er Aussicht auf persönliche materielle Vorteile sieht.

Hier beginnt der schleichende Übergang zur Korruption. Der bayerische Ministerpräsident Horst Seehofer handelte sicher nicht korrupt, als er im Frühjahr 2015 die zweite Trasse für Windstrom nach Bayern infrage stellte und damit einen Eckpfeiler der »Energiewende« gefährdete. Sehr moralisch war das aber auch nicht, sondern eher ein derbes Lehrstück in politischem Zynismus, so dreist waren die dabei verwendeten Argumente. Aber was tut man nicht alles für das Ziel, die CSU als geborene Regierungspartei quasi für ewig in Bayern an der Macht zu halten. Vielleicht hat sogar die klare Positionierung der CSU bei der Verhinderung von Trassen, mit denen Windstrom ins Land kommen könnte, bestimmten wirtschaftlichen Interessen gedient und den Spendenfluss für die CSU begünstigt. Auch das wäre noch nicht korrupt. Anders wäre es, hätte ein erwünschtes politisches Verhalten kausal zu Geldflüssen an Personen geführt.

Die korruptionsfreie Ausübung von Ämtern nach Recht und Gesetz sowie nach Weisungen von dazu Befugten und die Nutzung von Entscheidungsermessen allein nach den Maßstäben sachgerechter Abwägung ist historisch gesehen immer eher die Ausnahme als die Regel gewesen. Voraussetzung dafür war stets, dass sich in einem Herrschaftssystem Bürokratien entwickelten, die strikt nach ihnen vorgegebenen Regeln verfuhren. Soweit Politik über den Regeln stand, diese für ihre Zwecke aufstellen und nach Belieben ändern konnte, war die Anwendung des Begriffs Korruption ohne Sinn: Politik nahm sich das, wozu sie die Macht hatte, und gerechtfertigt war das, weil sie die Macht dazu hatte. Nach solchen Maximen werden heute noch Staaten wie Haiti regiert. Aber sehr viele Staaten in der heutigen Welt, die unter der korrupten Herrschaft von Diktatoren, Clans oder Familien stehen, sind nicht weit davon entfernt. Das aus der osmanischen Herrschaft überkommene politische System Griechenlands hat immer noch Anflüge davon.

Korruption ist grundsätzlich schädlich, aber aus der Natur von Politik ergibt sich, dass die Übergänge zwischen korrupten und legitimen Verhaltensweisen gleitend sind. Wesensmäßig gibt es allenfalls einen graduellen Unterschied zwischen korruptem Verhalten und dem politischen Einsatz für Interessen und Entscheidungen, von denen man sachlich nicht überzeugt ist.

Kapitel 4

Das Handeln in der Politik

Alles Politische treibt dem Handeln zu, wobei in jeder Situation, in der man handeln kann, auch das Unterlassen ein Handeln ist. In der Politik entfaltet jedes wesentliche Handeln eine Fülle von Wirkungen, die meisten davon unbeabsichtigt, und der Umgang mit diesen Wirkungen erfordert neues Handeln. Bezogen auf die Ergebnisse des Handelns kommt es auf die Motive nicht mehr an. Wer politische Verantwortung hat und handelnd ausübt, bewirkt damit fast immer eine Mischung aus Gutem und Schlechtem. Er muss das Ergebnis vor sich und – in einer Demokratie – auch vor anderen verantworten. Legt der Politiker sein Handeln gesinnungsethisch an, wird er damit meist mehr Schlechtes als Gutes bewirken. Legt er es verantwortungsethisch an, muss er die Kosten seiner Handlungen abwägen und darf es sich nicht zu leicht machen mit einfachen Ausreden.

Politiker – oder auch Parteien – nehmen im Wesentlichen Strömungen auf, die in der Gesellschaft vorhanden sind. Nur begrenzt kann Politik Grundströme der Meinungsbildung selbst erzeugen, sie kann sie allenfalls verstärken. Zumeist aber lässt sich Politik von Strömungen tragen und handelt insofern opportunistisch. Das ergibt sich aus ihrem auf Machterwerb gerichteten Charakter: Politiker geben Strömungen eine Stimme, wenn sie diese für sich selbst als chancenreich ansehen. Insofern ist das Mitläufer- und Opportunistentum in den Machttrieb der Politik quasi fest eingebaut und kein besonderer Defekt.

Ein Politiker, der nicht opportunistisch handelt, sondern seine Aktionen Sachzielen unterordnet, kann Außerordentliches leisten, wenn er eine entsprechende Machtposition errungen hat. Er ist aber auch potenziell gefährlich, weil er erstens durch die klassischen politischen Anreize nicht so leicht lenkbar ist und weil er zweitens auch viel Schaden anrichten kann, wenn er mit Fanatismus und ohne Rücksicht auf den eigenen Vorteil falsche Ziele verfolgt. Bei führenden Politikern ist ein gemäßigter Opportunismus auch eine vorteilhafte Eigenschaft, weil er die Gefährdungen radikalen, eigenwilligen Handelns begrenzt, mögen die Motive dazu auch noch so lauter sein.

Politik und Macht

Machtgewinn und Machterhalt sind gleichzeitig Ziel und Voraussetzung jedweder Politik. Ein großer Teil der Faszination von Politik für Akteure, Zuschauer, Journalisten und später für die Historiker ergibt sich nicht aus Sachfragen, die zu entscheiden sind, sondern aus dem Kampf um die Macht als solchem und die menschlichen Tugenden und Abgründe, die dabei sichtbar werden. Das zeigen die Königsdramen von Shakespeare ebenso wie Friedrich Schillers Dramentrilogie zu Wallenstein.

Politische Macht polstert das Gefühl der eigenen Bedeutung, ihr Besitz als solcher verschafft bereits Genuss. Besitz und Ausübung von Macht sind somit für viele Politiker ein Ziel an sich, unabhängig von den damit verfolgten Zwecken. Missbrauch der Macht für egoistische Ziele – aber auch im Namen höherer Zwecke – bleibt deshalb eine ständige Versuchung. Stabilität, Erfolg und Zukunftsfähigkeit eines politischen Systems erweisen sich daran, ob ihm die richtige

Mischung aus notwendiger Machtballung (um Handlungsfähigkeit sicherzustellen) und Machtbegrenzung (um Missbrauch zu verhindern) gelingt, und zwar nicht nur zufällig, sondern quasi institutionell durch die Konstruktion des Systems.

Niemals kann Politik die ganze Macht in einem Staat oder einer Gesellschaft haben. Solche Systeme waren immer nur instabile Grenzfälle in der Geschichte der Menschheit. Politische Stabilität erwächst aus geschickter Machtverteilung.

- Die Politik bedarf der Unterstützung durch Bürokratie, Polizei und Militär, deren Kompetenzen abgegrenzt werden müssen.
- Die Rechte der Familien, der Clans oder Stämme sind zu beachten.
- Eigentumsrechte und die aus ihnen fließende wirtschaftliche Verfügungsmacht sind zu definieren und zu garantieren.[1]
- Die Sphäre der Religionen, seien es Medizinmänner oder Staatskirchen, ist im Verhältnis zur staatlichen Macht zu bestimmen.
- Die Freiheitsrechte des Einzelnen sind abzugrenzen.

Das tatsächliche Maß politischer Macht ergibt sich zunächst institutionell aus den Zuständigkeiten des jeweiligen Amtes, dann aber vor allem aus der Kompetenz und dem Geschick des Amtsinhabers. Es gab und gibt unter den amerikanischen und französischen Präsidenten wie den deutschen Bundeskanzlern im Vergleich zu den Möglichkeiten ihres Amtes immer wieder besonders machtlose und besonders mächtige Amtsträger. Fortune, Weitsicht und Geschick – oder ihr Gegenteil – machen aus politischer Macht eine sehr individuelle Angelegenheit.[2]

Politik und Demokratie

Demokratie ist nur *eine* Form politischer Herrschaft, und historisch gesehen die jüngste. Es gibt auch keinen säkularen historischen Trend in Richtung auf eine Ausbreitung demokratischer Regierungsformen. Aktuelle politische Entwicklungen in Russland, China oder der Türkei deuten eher darauf hin, dass westlich geprägte Formen demokratischer Regierung gegenwärtig in der Welt an Boden verlieren.

Jede politische Herrschaft beruht im Ursprung auf Gewalt; und auch das denkbar mildeste staatliche Regiment funktioniert nur, wenn der Staat grundsätzlich auf Gewaltmittel zurückgreifen kann und im Zweifelsfall stark genug ist, sich gegen innere und äußere Gegengewalt durchzusetzen. Ein funktionierendes politisches System muss für zwei Fragen eine Lösung haben:

- Nach welchen Verfahrensweisen kommt jemand – eine Person, eine Partei, eine irgendwie abgegrenzte Gruppe – an die Macht?
- Mit welchem Verfahren können die Machthaber wieder entfernt werden?

Im Laufe der Geschichte waren, wenn es um Macht ging, Gewalt und Mord eher die Regel als die Ausnahme. 40 Prozent der römischen Kaiser verloren ihr Amt, indem sie umgebracht wurden. Im Osmanischen Reich war es üblich, dass die Sultane ihre Brüder und Halbbrüder töteten, wenn sie auf den Thron kamen, damit ihre Nachkommen die einzigen legitimen Thronerben waren.

Demokratische Regierungsformen unterwerfen sowohl den Gewinn der Macht als auch ihren Verlust einer wie immer gearteten Mehrheitsregel.[3] Damit ist nicht unbedingt gesichert, dass die jeweils Besten in politische Ämter kommen. Wenn es gut läuft, ist allenfalls gesichert, dass dies gewaltfrei geschieht. Durch den Verzicht auf Gewalt werden der Gesellschaft große soziale Kosten in Form von politischem Mord, Unterdrückung, Verlust von Meinungsfreiheit, Bürgerkriegen und so weiter erspart. Erweist sich die durch ein Wahlverfahren vorgenommene Personalauswahl als falsch, so kann sie gewaltfrei korrigiert werden.

Kaum je ist Demokratie die Herrschaft der Besten. Sie muss aber auch nicht die Herrschaft der Schlechtesten sein. Demokratie ist nicht zwangsläufig die in jeder Situation überlegene Regierungsform. Sie findet aber eine überlegene Lösung für die Gewaltfreiheit bei Machtgewinn und Machtverlust, und sie schützt in gewissem Maß die Beherrschten vor den Herrschenden – unter Umständen allerdings um den Preis des Mittelmaßes und der gegenseitigen Machtblockade der Herrschenden.

Politik und Strategie

Carl von Clausewitz formulierte 1830 die Einsicht, »dass der Krieg nur ein Teil des politischen Verkehrs sei, also durchaus nichts Selbstständiges«.[4] Dieser Satz zielte nicht auf die Verharmlosung des Krieges, sondern auf die notwendige Einheit politischen Handelns in Bezug auf einen bestimmten Zweck. Seine Beschreibung des Krieges passt vorzüglich zur Politik als solcher: Die tatsächliche Entwicklung beruht »auf einem Spiel von Möglichkeiten, Wahrscheinlichkeiten, Glück oder Unglück (...), in dem sich die strenge logische Folgerung oft ganz verliert und wobei sie überhaupt ein sehr unbehilfliches, unbequemes Instrument des Kopfes ist«.[5] Dabei herrscht oft die situative Taktik, diese muss aber eingebunden sein in eine

»Strategie (...), um das Einzelne an Ort und Stelle anzuordnen und für das Ganze die Modifikationen zu treffen, die unaufhörlich erforderlich werden. Sie kann also ihre Hand in keinem Augenblick von dem Werke abziehen.«[6] Erfolgsfaktoren des Handelns sind »gute Vorbereitung, Ruhe, Sicherheit, Einheit und Einfachheit«.[7] Clausewitz bezog diese Anforderungen auf die intelligent geführte Verteidigung, aber sie gelten genauso für jede kluge Politik.

Leider sagt mir meine Erfahrung, dass strategisches Handeln in der Politik eher die Ausnahme als die Regel ist. Unter strategischem Handeln verstehe ich die Unterordnung der getroffenen Maßnahmen und eingesetzten Mittel unter einen Zweck und die ständige intelligente Anpassung des Vorgehens an diesen Zweck. In der Politik wird dies zwar dadurch erschwert, dass oft mehrere Zwecke gleichzeitig zu verfolgen sind. Dann braucht man eben eine übergeordnete Strategie. Die Verschiedenartigkeit, zuweilen sogar Unvereinbarkeit der Zwecke darf aber kein Grund dafür sein, sich einfach nur perspektivlos durchzuwursteln und sich nicht mehr kritisch zu fragen, ob die einmal eingeschlagenen Pfade überhaupt zum Ziel führen.

Politik und Torheit

Die amerikanische Historikerin Barbara Tuchman nennt politisches Handeln dort töricht, »wo uneinsichtig an einer Politik festgehalten wird, die nachweislich unwirksam ist oder direkt gegen die eigenen Ziele arbeitet«.[8] Sie analysiert schlagende historische Beispiele aus Kriegführung und Außenpolitik.

Ich greife als eines ihrer Beispiele die Entscheidung Deutschlands für den uneingeschränkten U-Boot-Krieg am

9. Januar 1917 heraus.[9] Diese führte zum Eintritt der USA in den Ersten Weltkrieg und besiegelte damit die militärische Niederlage Deutschlands. Der Reichskanzler Theobald von Bethmann-Hollweg und der deutsche Botschafter in Washington, Albrecht Graf von Bernstorff, waren strikt gegen diese Entscheidung, weil sie den Kriegseintritt der USA nach ihrer Einschätzung unvermeidlich machen würde. Die deutsche Militärführung war strikt dafür, weil sie davon überzeugt war, das wankende England vollständig von Einfuhren abschneiden und so seinen Zusammenbruch in wenigen Monaten erzwingen zu können.

Die Gegner des uneingeschränkten U-Boot-Krieges verfügten weder über Zahlen noch Fakten. Wie sich herausstellen sollte, hatten sie aber ein richtiges Gefühl für die politischen Folgen der Entscheidung. Die Befürworter hatten anscheinend alles durchgerechnet und belegten dies mit umfangreichen Zahlenwerken. Wenn England, wie von ihnen prognostiziert, innerhalb weniger Monate aus dem Krieg ausschied, würde der Kriegseintritt der USA, der frühestens nach einem Jahr militärisch wirksam werden konnte, irrelevant sein.

Gegner wie Befürworter sahen zwei Dinge nicht voraus: Erstens dass die Alliierten mit dem Geleitzugsystem ein wirksames Gegenmittel gegen U-Boot-Angriffe entwickeln würden, zweitens dass wenige Wochen nach der Entscheidung die Russische Revolution ausbrechen und in deren Folge Russland binnen Jahresfrist aus dem Krieg austreten würde. Damit war ein Sieg Englands und Frankreichs ohne die militärische Unterstützung der USA sowieso unmöglich.

Den Ausschlag für den uneingeschränkten U-Boot-Krieg gab Kaiser Wilhelm II. Er entschied als Oberbefehlshaber zugunsten der Militärs, weil er seine Offiziere nicht allein lassen wollte. Letztlich schlugen die Militärs die Warnung von Clausewitz' in den Wind, »dass der Krieg nur ein Teil des politischen Verkehrs sei, also durchaus nichts Selbstständiges«. Der gebotene Vorrang der Politik wurde missachtet und insoweit nicht strategisch, sondern taktisch gehandelt. Man wollte militärisch gewinnen, statt sich politisch aus dem Krieg zu lösen. Der Tor im Spiel war der Kaiser. Er hatte im deutschen Herrschaftssystem eine Rolle inne, der er geistig und charakterlich nicht gewachsen war. Die Militärs waren keine Toren, ganz im Gegenteil. Im deutschen Kaiserreich waren Generalstabsoffiziere zweifelsohne eine geistige Elite. Die Militärs waren etwas viel Schlimmeres, sie waren Fachidioten und schlugen nur Lösungen vor, die sich aus ihrer engen Systemlogik ergaben.

Politik und Verblendung

Ein Fachidiot, unpolemisch auch Experte genannt, sieht eine Sache aus einer bestimmten Perspektive. So kann der Betriebsingenieur eines Werkes feststellen, dass eine Maschine der Überholung oder des Austauschs bedarf, und er kann das vermutlich besser beurteilen als der Werksleiter oder der Unternehmensvorstand. Der Werksleiter wiederum kann besser beurteilen, ob diese Maschine im künftigen Produktionszusammenhang überhaupt noch gebraucht wird. Dem Vorstand obliegt schließlich die Beurteilung, ob man im Rahmen der künftigen Unternehmensstrategie das ganze Werk noch braucht. Je nach Blickwinkel kann es deshalb zur selben Sache ganz unterschiedliche Entscheidungen geben.

Eine extreme und entscheidungserhebliche Verengung des Blickwinkels bezeichne ich als Verblendung. Der enge Blickwinkel des Fachidioten kann Verblendungscharakter haben, weil er nicht jener Perspektive entspricht, die aus dem höheren Zweck des Ganzen geboten wäre. In der Politik können sich an vielen Stellen aus einer unbalancierten Expertenherrschaft gefährliche Verblendungen ergeben. Das gilt beispielsweise, wenn man in Fragen der inneren Sicherheit dem Datenschutz zu viel Raum gibt, umgekehrt aber genauso, wenn der Datenschutz der inneren Sicherheit geopfert wird.

Politische Einstellungen, Motivationen und Antriebe sind vorwiegend gefühlsgesteuert. Das erleichtert Fokussierung, Gewichtung und politisches Urteil, ist aber stets mit der Gefahr verbunden, dass die politische Sicht – wie die Expertensicht – sie unzuträglich verengt, was sich am Ende bis zur Verblendung steigern kann. Dazu zwei Beispiele:

- Die Weltfinanzkrise 2008 ergab sich aus einer unbedachten Deregulierung der Kapitalmärkte und der Banken, die in den USA den Boom der Subprime-Kredite auslöste, die wiederum die Basis für toxische Wertpapiere aller Art waren. Ermöglicht wurde dies durch eine verengte unkritische Marktgläubigkeit, die die intelligente Regulierung der institutionellen und rechtlichen Rahmenbedingungen vernachlässigte.
- Der islamistische Terror – bis hin zum zeitweiligen Schreckensregime des sogenannten Islamischen Staates in Teilen von Syrien und Irak – findet seine Rechtfertigung in der wörtlichen Interpretation der Texte des Korans. Jeder Fundamentalismus entspringt einer Verengung der Perspektive mit gleitendem Übergang zur Verblendung.

Politik und Krise

Die Krise ist eine Situation, in der ein Zustand oder eine Entwicklung unhaltbar geworden ist und mithin einem Umbruch der Verhältnisse und/oder einer entsprechenden Entscheidung zutreibt. Das gilt für Ehekrisen, Unternehmenskrisen, Wirtschaftskrisen, Koalitionskrisen und außerpolitische Krisen gleichermaßen. Die Krise ist der geeignete Moment für politisches Handeln (wozu auch das Nichthandeln gehört). Verhältnisse nämlich, die sich im Umbruch befinden, können viel eher in die eine oder andere Richtung grundsätzlich geändert werden, als dies bei festgefügten Zuständen möglich wäre.

Die Krise, egal welche, ist also die eigentliche Stunde der Politik, zugleich aber Projektionspunkt und Ziel aller Fundamentalisten und Fanatiker. Während meiner Studienzeit von 1967 bis 1971 vernahm ich täglich neue hoffnungsvolle Nachrichten von der Krise des Spätkapitalismus. Es kam mir 40 Jahre später sehr bekannt vor, wie sich die Kommentatoren in den deutschen Feuilletons von 2008 bis 2012 erneut an der Krise des kapitalistischen Systems labten. 2012 und 2013 dann leuchteten die Augen der Kommentatoren bei der Arabellion, dem Arabischen Frühling, der nun endlich das Licht von Aufklärung und parlamentarischer Demokratie in den Nahen Osten und nach Nordafrika bringen würde. Als Ende Januar 2015 die linksradikale Syriza die griechischen Parlamentswahlen gewann, jubelten viele in Südeuropa, weil nun der Vorrang der deutschen Wirtschaftsideologie im Euro-Raum endlich gebrochen werden würde.

Der politische Kairos

Der *Kairos* bezeichnete in der Mythologie und Philosophie des antiken Griechenlands jenen Zeitpunkt, der zum Handeln in Bezug auf ein bestimmtes Ziel besonders günstig ist und üblicherweise so nicht wiederkehrt. Für das politische Handeln kann der richtige Moment – die durch einmalige Umstände sich bietende günstige Gelegenheit – eine besondere Bedeutung haben. Bedeutende Politiker ebenso wie große Feldherren zeichneten sich stets dadurch aus, dass sie solche Momente rechtzeitig erkannten und die Gelegenheit zum Handeln beherzt ergriffen.

Der politische Kairos tritt ein, wenn sich für einen Augenblick die politischen Konstellationen so zusammenfinden, dass politisches Handeln von großer Wirkung möglich wird. Soweit dies innerhalb demokratischer Strukturen stattfindet, werden dabei häufig die gewählten Organe bis auf ganz wenige Hauptakteure de facto auf eine notarielle oder symbolische Funktion reduziert.

In meiner eigenen Praxis als Ministerialbeamter mit politischem Gestaltungswillen und als Politiker hatte ich öfters die Chance, in einer für mich wichtigen Frage, mit der ich gerade befasst war, den Kairos zum Handeln zu erleben. Wann immer ich konnte, habe ich solche Chancen ergriffen. Das Gespür dafür und die Energie, die sich ergebende Chance auch zu nutzen, waren die Bedingungen für alle größeren Erfolge, die ich in meiner Laufbahn als Ministerialbeamter und Politiker hatte. Dazu einige Beispiele:

Das Konsolidierungsprogramm zum Bundeshaushalt 1982

Anfang 1978 war ich beruflich aus dem Bundesfinanzministerium in das Bundesarbeitsministerium gewechselt und Redenschreiber beim damaligen Bundesarbeitsminister

Herbert Ehrenberg geworden. Meine Redeentwürfe und sonstigen Ratschläge gefielen ihm, und alsbald leitete ich das Planungsreferat in der Grundsatzabteilung. Ehrenberg war 1976 Arbeitsminister geworden, um die Finanzlücken in den verschiedenen Zweigen der Sozialversicherung zu schließen. Das gelang ihm auch recht gut. Aber der Widerstand der Gewerkschaften, Sozialverbände und Sozialpolitiker zermürbte ihn, und am Sparen verlor er allmählich den Spaß. Er wollte geliebt werden von den Schafen, die er scheren sollte, und so legte er schließlich die Schere ganz weg. Ich dagegen meinte, dass beim Umbau des Sozialstaats erst der kleinste Teil des Weges zurückgelegt sei. Durch die Zuarbeit aller Fachabteilungen für meine Redeentwürfe, meine übergreifende Zuständigkeit und eigene Neugier hatte ich einen ziemlich guten Überblick erworben und wusste, worum es ging. Das nützte mir aber kaum, denn der Minister hörte immer weniger auf mich.

Einige glückliche Zufälle halfen mir, und am 1. April 1981 fand ich mich wieder in der Grundsatzabteilung des Bundesfinanzministeriums. Dort leitete ich ein neu gegründetes Kleinreferat »Finanzfragen der Sozialpolitik« mit nur zwei Mitarbeitern. Dieses Referat verdankte seine Existenz dem Umstand, dass der Finanzminister Hans Matthöfer mit der Haushaltsabteilung unzufrieden war, die aus seiner Sicht keine ausreichenden Ideen gegen das Ausufern der Sozialetats entwickelte. Diese Ideen sollte ich jetzt produzieren.

Ideen hatte ich viele. Die konkreten Zahlen zu den Ideen waren aber alle bei der Haushaltsabteilung. Ich machte bei deren Leiter, dem Ministerialdirektor Eberhard Hubrich, einen Antrittsbesuch und bot ihm gute Zusammenarbeit an. Er erklärte mir, dass er seinen Mitarbeitern jedwede Zusammenarbeit mit mir verboten habe. Sie dürften keine Auskünfte geben und schon gar keine Zahlen liefern. Er werde mich austrocknen. Man werde ja sehen, wie sich alles entwickle, antwortete ich und verabschiedete mich höflich. Den Gedanken, mich beim Minister oder beim Haushaltsstaatssekretär Günter Obert zu beschweren, verwarf ich. Damit hätte ich Schwäche gezeigt. Das Gespräch behielt ich für mich.

In diesem Frühjahr 1981 zeigte sich, dass im Haushaltsentwurf für 1982 eine zweistellige Milliardenlücke klaffen würde. Vom Koalitionspartner FDP, der sich für den Absprung warmlief, kamen zunehmend drohende Untertöne. Die großen Einsparungen konnten nur aus dem Sozialbereich kommen. In der SPD war es aber fast unmöglich, darüber offen zu reden. Matthöfer gab an die Haushaltsabteilung den streng geheimen Auftrag, ein Sparkonzept zu erarbeiten. Und sein Büroleiter bat mich, parallel dazu meine Gedanken aufzuschreiben. Das tat ich an einem langen Wochenende anhand von Daten, die ich entweder aus dem Arbeitsministerium mitgebracht hatte oder die öffentlich zugänglich waren. In meinem Papier konzentrierte ich mich auf die wesentlichen Strukturfragen, auf gute Lesbarkeit und auf Schlüssigkeit. Es konnte in einer Lektüre von 30 Minuten mitsamt seinem Zahlenwerk gut verarbeitet werden.

Zur Diskussion über ein dringliches und streng vertrauliches Einsparkonzept im Sozialbereich wurde eine große Besprechung mit etwa 30 Teilnehmern unter Leitung des Ministers anberaumt. Beim Betreten des Besprechungsraums pfiff der Haushaltsabteilungsleiter Hubrich mich halblaut an: »Ihr Papier gehört ja in die Abteilung Lyrik, damit kann man gar nichts anfangen.« Er war beleidigt, dass ich überhaupt zur Teilnahme an der Besprechung geladen war. Vor dem Minister lagen ein dicker Leitzordner der Haushaltsabteilung mit Dutzenden von Fächern und Anlagen, daneben mein schlankes etwa 15-seitiges Papier. Der Minister sagte: »Ich schlage vor, wir gehen nach dem Papier von Herrn Sarrazin vor«, und erteilte mir das Wort. Das war mein Kairos, und ich hatte mit den ersten Sätzen einen glücklichen Start.

Mein Konzept ergab sich aus wenigen Prinzipien, die dann schlüssig weiter in die Tiefe des Stoffes zu den unterschiedlichsten Einsparungen führten. Aber es vermied die Beliebigkeit letztlich willkürlicher Streichvorschläge. Der Haushaltsstaatssekretär Obert, Hubrichs Chef, erkannte die neue Lage und schloss konstruktiv an meinen Vortrag an. Es folgten noch viele Besprechungen, bis das Maßnahmenpaket stand, aber das Eis war gebrochen. Von der Haushaltsabteilung bekam ich ab sofort alle Zahlen und wurde stets auf das Höflichste behandelt. Vor allem die Zusammenarbeit mit dem Abteilungsleiter Hubrich war ausgezeichnet.

Das große Konsolidierungsbegleitgesetz zum Haushaltsentwurf 1982 atmete den Geist meiner ursprünglichen Vorschläge, und ich empfand eine tiefe Befriedigung. Einige Wochen später wurde ich bei Hans Matthöfer Leiter des Ministerbüros.

Die Vorbereitungen für das große Konsolidierungspaket verliefen im Bundesfinanzministerium unter strikter Geheimhaltung, ohne jede Beteiligung anderer Ressorts, erst recht nicht des Bundesarbeitsministeriums. Geheim hieß damals auch geheim. Obwohl bestimmt 50 Beamte an den Vorbereitungen beteiligt waren, drang kein Wort nach außen. Nur mit dem Bundeskanzler Helmut Schmidt stimmte Matthöfer sich eng ab und vereinbarte mit ihm, dass er das Konzept auf einer Sondersitzung der SPD-Bundestagsfraktion vortragen würde.

Die Sondersitzung der Fraktion fand kurz vor der Sommerpause an einem Sonntag statt. Matthöfer unterstützte seinen Vortrag mit Folien. Er hatte mich mitgenommen, damit ich sie auflegte. Die Folien hatte ich nach seinen Vorgaben ausgearbeitet. (In den Tagen vor der Erfindung von PC und

PowerPoint war das recht aufwendig und geschah mithilfe des hauseigenen Grafikers.) Nach dem Vortrag herrschte zunächst Stille. Mein ehemaliger Chef Herbert Ehrenberg, in dessen Haushalt die vorgeschlagenen Einsparungen vorwiegend stattfanden, funkelte mich quer durch den Raum vom Tisch der Bundesminister wütend an. Aufkommendes Gemurmel und der Versuch von Wortmeldungen wurden vom Fraktionsvorsitzenden Herbert Wehner niedergebrüllt. Helmut Schmidt erhob sich und teilte dem schweigenden Saal mit, dass dieses Einsparkonzept alternativlos sei. Die Sitzung war beendet. Ich war stolz wie Oskar.

15 Monate später brach die sozialliberale Koalition auseinander. Beim Haushaltsentwurf für das Jahr 1983, der weitere Einsparungen enthielt, hatte die SPD-Fraktion rebelliert. Der neue Finanzminister hieß Gerhard Stoltenberg und kam von der CDU. Er hatte auch einen neuen Büroleiter mitgebracht, und ich war zunächst ohne Beschäftigung. Nach wenigen Tagen im Amt bestellte Gerhard Stoltenberg mich zu sich. Er bat mich um ein Papier »Stellung und Aufgaben des Bundesministers der Finanzen«. Ich hätte doch jetzt Zeit, das zu schreiben. Vorsichtig antwortete ich: »Herr Minister, ich bin kein Jurist. Ich kann Ihnen höchstens aufschreiben, was mir wichtig scheint und worauf Sie achten müssten.« – »Dann tun Sie das.«

In dem kahlen Übergangszimmer, das mir zugewiesen worden war, machte ich mich ans Werk. Ich beschrieb den aus meiner Sicht gebotenen Umgang mit dem Bundeskanzler, den anderen Ministerien, warnte vor den parlamentarischen Staatssekretären und ging dann jede der neun Abteilungen des Hauses bis auf die Ebene der 145 Referate im Einzelnen durch, wobei ich Einschätzungen zu Personen mit institutionellen Hinweisen vermischte. Es war viel Mühe. Meine gesamten Erfahrungen als Leiter des Ministerbüros unter den Ministern Matthöfer und Lahnstein flossen darin ein. Nach 14-tägiger Arbeit gab ich das Papier im Vorzimmer Stoltenbergs ab. Ich erhielt nie eine formelle Rückmeldung, doch seine Sekretärin erzählte mir nach einigen Wochen, er bewahre das Papier in seiner Schreibtischschublade auf, und jedes Mal, wenn ihn jemand aus dem Haus besuche, lese er zuvor über die betreffende Person und ihren Aufgabenbereich in dem Papier nach.

Offenbar hatte sich die Mühe gelohnt. Es war ein kleiner Kairos für mich, und ich hatte die Gelegenheit ergriffen. In den kommenden sieben Jahren schrieb ich als Referatsleiter für Finanzfragen des Verkehrs zahllose Ministervorlagen, die von Stoltenberg grundsätzlich zustimmend abgezeichnet wurden. Das machte mich innerhalb und außerhalb des Hauses stark. Für viele blieb es ein Rätsel, weshalb ich beim Minister Stoltenberg anscheinend immer recht bekam. Und ich schwieg dazu.

Die Schuldenbremse bei der Deutschen Bundesbahn

Einige Wochen nach der Amtsübernahme von Gerhard Stoltenberg wurde ich Leiter des Referats »Finanzfragen des Verkehrs, Verkehrsbeteiligungen, Bundesbahn, Bundespost«. Ich stand noch voll unter Adrenalin durch meine Tätigkeit als Leiter des Ministerbüros und ging die neue Aufgabe mit einer Verve an, die für meine neuen Mitarbeiter und Gesprächspartner im Verkehrsministerium, bei der Bundesbahn, bei der Post und anderswo sicherlich ungewohnt war.

Die Deutsche Bundesbahn hatte sich im Verlauf der 1970er-Jahre zu einem riesigen Haushaltsrisiko entwickelt. Ihr jährlicher Zuschussbedarf war geradezu explosionsartig gestiegen von 3,9 Milliarden DM 1970 auf 13,7 Milliarden DM 1982, und ihre Verschuldung hatte sich zugleich kräftig erhöht. Zusammen mit dem Verkehrsministerium erarbeitete ich »Leitlinien zur Konsolidierung der Deutschen Bundesbahn«, die im November 1983 von der Bundesregierung verabschiedet wurden, und begegnete dabei erneut einem Kairos.

Nach dem Bundesbahngesetz wurde der Wirtschaftsplan der Bundesbahn »vom Bundesminister für Verkehr im Einvernehmen mit dem Bundesminister der Finanzen genehmigt«. Das Bundesfinanzministerium hatte diese Machtstellung jahrelang nicht mit Leben gefüllt. Das wollte ich ändern. Die Vertreter der Bahn und des Verkehrsministeriums fanden das zunächst recht amüsant und merkten erst im Verlauf einiger Monate mit wachsender Irritation, wie die Forderungen, die ich vortrug, regelmäßig bis in die Spitze des Finanzministeriums gedeckt wurden. Das hatte es so noch nie gegeben. Der Durchbruch gelang mir nur, weil meine neue Zuständigkeit mit dem politischen Neubeginn der Bundesregierung zusammenfiel und ich die haushaltsrechtlichen Hebel radikal nutzte, wobei ich sie zugleich inhaltlich untermauerte.

Im Ergebnis wurden

- die jährlichen Bundesleistungen an die Bahn auf 13,5 Milliarden DM gedeckelt,
- die jährlich zulässige Neuverschuldung der Bahn auf 2,5 Milliarden DM begrenzt,
- die jährlichen Neueinstellungen auf 1500 festgesetzt,
- alle Investitionen einem nachprüfbaren betriebswirtschaftlichen Rentabilitätsnachweis unterworfen.

Die Bundesbahn blieb damit teuer, aber sie war kein Haushaltsrisiko mehr. Das blieb so, bis ich sieben Jahre später die Zuständigkeit für Verkehrsfragen abgab und mich der Währungspolitik zuwandte. In den 1990er-Jahren schrieben die deutsche Einheit und die Bahnreform dann eine andere Geschichte, die zu erzählen an dieser Stelle aber zu weit führt.

Die deutsche Währungsunion

Die kommunistische Herrschaft, die im November 1917 mit Lenins Vorsitz im Rat der Volkskommissare begonnen hatte, währte 74 Jahre. Ihr Ende wurde am 9. November 1989 durch den Fall der Berliner Mauer eingeleitet. An diesem Tag fand auch meine stärkste persönliche Begegnung mit dem politischen Kairos statt.

Ich leitete damals seit einigen Monaten das Referat »Nationale Währungsfragen« im Bundesministerium der Finanzen. Horst Köhler war mein Abteilungsleiter und vom 1. Dezember 1989 an mein Staatssekretär (er folgte Hans Tietmeyer nach, der zur Bundesbank ging). Er hatte Vertrauen zu mir und hörte meinen Einschätzungen zur wirtschaftlichen Lage und zu den weiteren Perspektiven in der DDR aufmerksam zu. In diesen ersten Wochen mit offener Grenze zeichnete sich der wirtschaftliche Zusammenbruch der DDR immer deutlicher ab. Die außenpolitische Situation war unklar, das Wort »Einheit« zunächst ein politisches Tabu. Dank Horst Köhler wurde ich in alle Finanz- und Währungsfragen, die die DDR betrafen, einbezogen und erlebte die bis dahin arbeitsreichsten Wochen meines Beamtenlebens.

Mit wurde immer klarer, dass eine wirtschaftliche Stabilisierung der DDR unmöglich war, wenn die Grenzen nicht wieder geschlossen wurden, und ich ahnte allmählich, dass man vollendete Tatsachen schaffen musste, die die politische Einheit unvermeidlich machten. So entstand bei mir die Idee für eine deutsche Währungsunion zweier unabhängiger Staaten. Ich arbeitete daran in vollständiger Abgeschiedenheit, kein einziger Kollege oder Mitarbeiter bekam etwas mit, schon gar nicht die Bundesbank. Horst Köhler wollte zunächst nichts davon hören, auch keine Papiere sehen. Er ließ mich jedoch gewähren und schwor mich auf strengste Geheimhaltung ein. Am Freitag, dem 26. Januar 1990, ließ er mich zu sich kommen und sagte recht lapidar: »Schreiben Sie doch mal über das Wochenende auf, wie Sie sich das denken. Aber ganz geheim, nur für mich. Am Montagmorgen brauche ich das Papier.«

Ich hatte schon viel Vorarbeit geleistet, aber ein Wochenende ist kurz, also hieß es, fleißig ans Werk zu gehen. Montagfrüh übergab ich Horst Köhler den 14-seitigen Vermerk. Er enthielt die Blaupause für eine Währungsunion beider deutscher Staaten: Umtauschverhältnisse, Altschuldenregelung, technische Vorgehensweise, begleitende ordnungspolitische Reformen in der DDR, Auswirkungen auf den Arbeitsmarkt (ich schätzte 1,4 Millionen Arbeitslose in der DDR-Industrie) – es war ein recht vollständiges Konzept.

Ich erhielt zunächst keine Rückmeldung. Erst am folgenden Dienstag gegen 19 Uhr bat Horst Köhler mich erneut zu sich: Er habe das Papier Minister Waigel gegeben und mit ihm durchgesprochen. Dieser habe es an das Kanzleramt weitergereicht. Der Bundeskanzler habe entschieden, der DDR eine Währungsunion anzubieten. Im Bundesfinanzministerium werde eine abteilungsübergreifende Arbeitsgruppe zur Vorbereitung der Währungsunion eingerichtet. Ich solle sie leiten. Mir wankte der Boden unter den Füßen. Lenin konnte sich auch nicht anders gefühlt haben, als er im November 1917 unerwartet Vorsitzender des Rats der Volkskommissare wurde.

Fünf Monate später war die Währungsunion Wirklichkeit und folgte im Wesentlichen meinem Konzept. Wie konnte es so kommen? Schließlich war ich doch nur ein relativ einflussloser Beamter in der mittleren Führungsebene des Bundesfinanzministeriums, noch dazu mit einem SPD-Parteibuch in einer unionsgeführten Bundesregierung.

Die Antwort ist eigentlich ganz einfach: Mein Konzept geriet zur richtigen Zeit aus der richtigen Quelle in die richtigen Hände: Für die Einheit war es zu früh, für jahrelange Reformen in einer selbstständigen DDR zu spät. Die westdeutsche Politik brauchte einen unwiderruflichen Schritt in Richtung deutsche Einheit, aber es durfte nicht wie Abenteurertum aussehen. Von der stolzen Bundesbank oder aus der Wirtschaftswissenschaft wäre ein solches Konzept niemals gekommen, denn dort dachte man allenfalls in langjährigen Stufenplänen. Wenn das Konzept jedoch im fachlich zuständigen Währungsreferat des Bundesfinanzministeriums entwickelt worden war, dann mochte es riskant und umstritten sein, es war jedenfalls kein Abenteurertum, und die Politik durfte sich fachlich abgesichert fühlen.

Unbeantwortet bleibt die Frage, was genau geschehen wäre, hätte ein anderer am 9. November 1989 auf meinem Platz im Referat »Nationale Währungsfragen« gesessen.

Jede Entwicklung hängt eben von ganz vielen unterschiedlichen Einflüssen ab. Das nennt man historische Kontingenz, früher hieß es Zufall. Der Kontingenz, nicht einer historischen Gesetzmäßigkeit, war es geschuldet, dass Lenin im November 1917 Vorsitzender des Rats der Volkskommissare wurde. Und ein Ergebnis von Kontingenz war es auch, dass am 1. Juli 1990 die deutsche Währungsunion begann.

Der Berliner Solidarpakt

Am Sonntag, dem 29. Januar 2002, exakt zwölf Jahre nachdem ich den Vermerk zur deutschen Währungsunion Horst Köhler übergeben hatte, begegnete ich dem politischen Kairos erneut, und zwar um kurz vor Mitternacht im Gästehaus des Senats von Berlin. Ich war seit zehn Tagen Berliner Finanzsenator, und der Regierende Bürgermeister Wowereit hatte den Senat zu einer sonntäglichen Klausurtagung gebeten. Ich hatte meine ersten Tage im Amt genutzt, um mich etwas in den Berliner Haushaltssumpf einzuarbeiten, und soeben einige rabenschwarze (also tiefrote) Folien zur Haushalts- und Finanzplanung aufgelegt. Die Stimmung war schlecht. Alle stocherten lustlos und latent aggressiv in meinen Zahlen herum, weil sie deren Konsequenzen fürchteten.

Plötzlich sagte Wowereit: »Da fehlen ja 500 Millionen!« Ich widersprach. Doch, so Wowereit, es fehlten die Einsparungen aus dem Solidarpakt. In der Tat hatte ich bei Amtsantritt in der Finanzplanung eine rätselhafte Zahlenreihe vorgefunden, die die Überschrift »Solidarpakt« trug. Mein Staatssekretär hatte mir die Zahlenreihe so erklärt: Während der am Ende gescheiterten Koalitionsgespräche mit der FDP im Oktober 2001 habe die FDP mehr Einsparungen bei den Personalkosten gefordert. Da habe man pauschal eine Einsparung von jährlich 500 Millionen eingesetzt und diese pauschale Minderausgabe »Solidarpakt« genannt. Als später die Verhandlungen mit der FDP scheiterten, habe Wowereit darauf bestanden, diese Zeile in der Planung zu belassen. Damit waren alle einverstanden, denn nun sahen die Zahlen nicht ganz so schrecklich aus.

Ich fragte meinen Haushaltsstaatssekretär Frank Bielka, ob es im Hause irgendeine Idee zur inhaltlichen Untermauerung dieses Betrags gebe. Er verneinte, und so ließ ich die Zahlen aus dem Planungswerk entfernen. Das fand Wowereit gar nicht gut. Er stellte sich einen freiwilligen Lohnverzicht der Mitarbeiter vor, der mit den Gewerkschaften auszuhandeln sei. Ich hielt das für illusorisch und erklärte vorsorglich, in einer von mir vorgelegten Planung werde es keine Zahlen geben, die nicht unterlegt seien. Die Stimmung sank unter den Nullpunkt. Ein Wort gab das andere, Wowereit ereiferte sich immer mehr. Nach weiteren 15 Minuten lag mein Rücktritt in der Luft.

Während ich stritt, dachte ich fieberhaft über einen Ausweg nach und sagte schließlich: »Okay, unter einer Bedingung stelle ich die 500 Millionen als Einsparung ein: Wir verhandeln bis zum Herbst mit den Gewerkschaften, und wenn die Verhandlungen bis dahin nicht erfolgreich sind, wird das Land Berlin erstens in den Bundesrat einen Gesetzentwurf einbringen, mit dem die Landesbeamten von der bundesweiten Beamtenbesoldung abgekoppelt werden, und zweitens wird Berlin aus dem Kommunalen Arbeitgeberverband austreten und die Tariflöhne für Arbeiter und Angestellte einfrieren.«

Mehrere Senatoren von SPD und PDS öffneten den Mund zum Protest. Aber Wowereit stimmte sofort zu. Er war offenbar froh, nicht schon nach zehn Tagen einen neuen Finanzsenator suchen zu müssen. Meine Verwaltung lieferte einen entsprechenden rechtsfesten Text für das Senatsprotokoll. Dort wurde er zunächst »vergessen«, nach zweimaliger Ermahnung doch eingefügt, aber niemand nahm ihn ernst.

Die Verhandlungen mit den Gewerkschaften schleppten sich hin und führten erwartungsgemäß zu nichts. Neun Monate später, im Oktober 2002, blieb nach einer letzten symbolischen Verhandlungsrunde nichts anderes übrig, als ihr Scheitern festzustellen. Die einzige »Gegenleistung«, die wir den Gewerkschaften hatten anbieten können, war der Verzicht auf betriebsbedingte Kündigungen. Das hatte nur symbolischen Wert, denn im öffentlichen Dienst wird nie jemand betriebsbedingt gekündigt. Mit der Botschaft des Scheiterns marschierten die Gewerkschaftsvorsitzenden (vier an der Zahl) und die Senatsvertreter (Regierender Bürgermeister, Finanz-, Innen-, und Wirtschaftssenator) zur angesetzten Pressekonferenz, und da ergab sich der politische Kairos.

In den Monaten zuvor waren harte Zeiten über die Berliner Medien hinweggegangen. Es hatte überall riesige Stellenkürzungen, betriebsbedingte Kündigungen und Lohnkürzungen gegeben. Kaum einer der Journalisten im Saal hatte nicht um seinen Arbeitsplatz gezittert und Einkommensverluste erlitten. Die selbstbewusst vorgetragene Erklärung der Gewerkschaftsvorsitzenden, auch der Verzicht auf betriebsbedingte Kündigungen könne sie nicht zu zeitlich begrenzten Lohnkürzungen bewegen, geriet zum psychologischen Desaster. Auf die Frage der Journalisten, was denn nun geschehen solle, erläuterte ich den bisher unbeachteten neun Monate alten Vorratsbeschluss des Senats: Streichung des Weihnachtsgelds für Beamte, Ausstieg aus dem Bundesbesoldungsgesetz, Austritt aus dem Kommunalen Arbeitgeberverband. Die Pressevertreter waren begeistert. Der Regierende Bürgermeister und die anderen Senatoren fühlten sich durch die Begeisterung ermutigt und bestätigten in der Pressekonferenz diese harte Linie.

So kam es dann auch. Den Berliner Beamten wurde bis auf einen kleinen Restbetrag das Weihnachtsgeld gestrichen, und ihre Gehälter wurden für die nächsten acht Jahre eingefroren. Berlin war so pleite, dass das entsprechende Bundesgesetz, das uns die Freiheit dazu gab, anstandslos den Bundestag und den Bundesrat passierte. Die Gewerkschaften hatten solche Angst vor dem Austritt Berlins aus dem Arbeitgeberverband, dass sie schließlich einlenkten: Für Arbeiter und Angestellte wurde die Arbeitszeit um durchschnittlich 10 Prozent ohne Lohnausgleich gekürzt, und für acht Jahre gab es keinen Anstieg der Tariflöhne und -gehälter.

Eine glückliche Eingebung an einem Sonntagabend kurz vor Mitternacht im Streit mit meinem Chef Klaus Wowereit hatte das alles möglich gemacht. Sonst wäre ich schon geschlagen gewesen, ehe ich meine Arbeit richtig aufgenommen hatte, oder wäre eben nach zehn Tagen zurückgetreten. In jedem Fall wäre die Berliner Finanzgeschichte anders verlaufen.

Die Berliner Wohnungsbauförderung

Im subventionsverwöhnten Berlin der Mauerzeit hatte sich eine besonders absurde Art der Förderung des sozialen Wohnungsbaus breitgemacht: Es wurden Wohnungen zu den damals in Berlin üblichen überhöhten Kosten erstellt, die vorwiegend mit Krediten finanziert waren. Deren absurd hohe Kostenmiete wurde dann durch laufende Zuschüsse des Landes Berlin auf das niedrige Niveau der Sozialmieten heruntersubventioniert. Diese Förderung wurde für 15 Jahre gewährt, und im Anschluss wurde sie als sogenannte Anschlussförderung für weitere 15 Jahre genehmigt. Mir fiel das auf, als ich kurz nach meinem Amtsantritt 2002 eine Vorlage für den Haushaltsausschuss des Abgeordnetenhauses unterzeichnen sollte, die die Gewährung der Anschlussförderung für den Förderjahrgang 1988 zum Inhalt hatte. Ich nutzte den Kairos meines Neubeginns und verweigerte die allererste Unterschrift in dieser Sache. Es begann ein elf Monate währender Kampf mit dem Bausenator Peter Strieder. Am Ende setzte ich mich in der SPD-Fraktion durch, weil ich die Unterstützung des Regierenden Bürgermeisters Klaus Wowereit und des Fraktionsvorsitzenden Michael Müller hatte.

Es ging um ungeheure Beträge: Die gesamte Wohnungsbauförderung verschlang im Landeshaushalt jährlich 1,2 Milliarden Euro und betraf ausschließlich bereits geförderte Wohnungen. Durch den Verzicht auf die Anschlussförderung war es möglich, diese Ausgaben bis 2019 stufenweise auf null herunterzuführen. Natürlich wurde die Entscheidung von Investoren auf dem Klageweg angefochten. Erst im Jahr 2006 entschied das Bundesverwaltungsgericht endgültig zugunsten des Landes Berlin. Ungezählte Stunden verbrachte ich als Finanzsenator mit den Anwälten, die das Land Berlin vertraten. Eigentlich wäre das die Angelegenheit der fachlich zuständigen Senatsbauverwaltung gewesen. Die aber stand zusammen mit der Sozialwohnungslobby innerlich auf der Gegenseite und erwartete freudig die Niederlage des Landes Berlin auf dem Gerichtsweg. Sie täuschte sich.

Entscheidend für meinen politischen Sieg waren nicht etwa inhaltliche Argumente. Jeder kannte seit Langem den Wahnsinn dieser Art von Wohnungsbauförderung. Wichtig war sicherlich der Wunsch, alternativ nötige Einsparungen an anderer Stelle zu vermeiden. Noch wichtiger aber war der verdeckte Machtkampf in der Führung der Berliner SPD: Unter den drei führenden Personen – Klaus Wowereit als Regierender Bürgermeister, Michael Müller als Fraktionsvorsitzender, Peter Strieder als Parteivorsitzender – war einer zu viel. Darum hatte ich bei der Abschaffung der Anschlussförderung die Unterstützung von Wowereit und Müller, und ich konnte mich letztlich durchsetzen. Nach der Niederlage in einer so entscheidenden Frage war Strieder als Bausenator und Landesvorsitzender entscheidend geschwächt und verließ ein Jahr später aus Anlass eines Skandälchens (der sogenannten Tempodrom-Affäre) die Politik.

Erfolg hatte ich letztlich nur, weil mein Kampf um die Streichung der Anschlussförderung sich zeitlich mit dem verdeckten Machtkampf in der Parteiführung überschnitt. Auch das muss man wissen beim Handeln in der Politik: Argumente allein genügen nur selten.

Die Hartz-IV-Reform

Im September 2002 hatte Gerhard Schröder mit Mühe die Bundestagswahl gewonnen. Er ahnte wohl, dass dies seine letzte Periode als Bundeskanzler sein würde, und er machte sich an die Arbeitsmarktreformen der sogenannten Agenda 2010.

Die historische Entwicklung des deutschen Sozialstaates hatte es mit sich gebracht, dass es einerseits die Sozialhilfe gab, die finanziell und organisatorisch in den Händen der Gemeinden lag, und andererseits die Arbeitslosenhilfe. Diese lag in der Hand der Bundesanstalt für Arbeit, und da rutschten alle hinein, die mal beschäftigt gewesen waren, deren Anspruch auf Arbeitslosengeld aber ausgelaufen war. Die Arbeitslosenhilfe war praktisch eine Sozialhilfe erster Klasse.

Das System war aus verschiedenen Gründen dysfunktional. Das Ziel der Reform war unter anderem, die Bemühungen der Bundesanstalt für Arbeit (heute Agentur für Arbeit) auf die leichter zu vermittelnden »arbeitsmarktnäheren« Empfänger von Arbeitslosengeld zu konzentrieren und gleichzeitig die Bezugsdauer von Arbeitslosengeld zu kürzen. Für alle übrigen sollte es eine neue Sozialleistung geben, die Grundsicherung, deren arbeitsfähige Empfänger sollten fortan in Jobcentern betreut werden, die bei den Gemeinden zu gründen waren.

Die Reform rief ungeheure ideologische Widerstände hervor, stieß innerhalb der SPD auf erheblichen Widerstand und musste zudem gegen einen mehrheitlich von der CDU/CSU beherrschten Bundesrat durchgesetzt werden. Weshalb gelang es trotzdem, dafür die notwendigen Mehrheiten zu finden?

Das lag an der Ausgestaltung der finanziellen Lastenverteilung, die für die Reform geplant war. Der Bund übernahm die Kosten der Grundsicherung für die Erwerbsfähigen und entlastete damit in großem Umfang gerade Gemeinden mit besonders vielen Sozialhilfeempfängern. Damit gerieten alle Bundesländer unter einen großen Druck ihrer Gemeinden und Gemeindeverbände, der Reform zuzustimmen. Für Berlin errechnete ich im Verlauf des Jahres 2004 schier unglaubliche Einsparbeiträge von über einer Milliarde Euro im Jahr. Auch unseren Koalitionspartner PDS konnte ich angesichts solcher Summen – wenn schon nicht vom Inhalt der Reform, so doch von den finanziellen Vorteilen für den Landeshaushalt – überzeugen. Im Verlauf der Arbeit am Reformpaket schrumpfte der finanzielle Vorteil allerdings, weil zwar nicht die Grundsicherung, wohl aber die Kosten der Unterkunft prinzipiell den Gemeinden auferlegt wurden.

Für den Senat von Berlin gehörte ich von 2002 bis 2009 dem Vermittlungsausschuss zwischen Bundestag und Bundesrat an. Dieser wird immer dann einberufen, wenn sich Bundestag und Bundesrat bei einem Gesetzentwurf nicht einigen können. Zur Zeit der rot-grünen Bundesregierung wurde der Vermittlungsausschuss zu einer Nebenbühne des bundespolitischen Machtkampfs. Ich verbrachte dort zahlreiche Abende und nicht wenige Nächte.

Das Paket der Hartz-IV-Reformen bedurfte in wesentlichen Teilen der Zustimmung durch den Bundesrat. 2004 fanden dazu im Vermittlungsausschuss endlose Nachtsitzungen statt. Die kontroversen Diskussionen dort drehten sich zum allergrößten Teil um die voraussichtliche finanzielle Lastenverteilung zwischen Bund, Ländern und Gemeinden. Es gab hier einen klaren Interessengegensatz, und zwar nicht nach den politischen Farben, sondern zwischen den Ländern, je nachdem wie hoch die Sozialhilfelast ihrer Gemeinden war. In allen diesen Wochen war ich als Berliner Finanzsenator und Mitglied im Vermittlungsausschuss unerschütterlich bundestreu. Kein Land wurde durch die Reform finanziell so begünstigt wie Berlin, und jeder noch so sinnwidrigen Änderung des Bundes in dem sehr unübersichtlichen Gesetzeswerk stimmte ich grundsätzlich zu. Das Gesetz kam schließlich durch. Es leistete – abgesehen von seinem grundsätzlichen Erfolg bei der Reduzierung der Kosten – einen wesentlichen Beitrag zur Konsolidierung des Berliner Landeshaushalts. Noch heute erinnere ich mich aber daran, wie nachts um halb zwei im Vermittlungsausschuss meiner Kollegin, der Finanzministerin Sigrid Keler aus Mecklenburg-Vorpommern, die Tränen des Zorns in den Augen standen, weil ich einen bestimmten Änderungsantrag der SPD-Länder nicht mittrug, der ihr Land begünstigt, Berlin aber benachteiligt hätte.

Die Hartz-IV-Reformen waren inhaltlich nötig und richtig, aber ihre Durchsetzung im Bundesrat war politisch geradezu genial. Sie fand nämlich nicht über die Inhalte, sondern über die Verteilungswirkungen in den Haushalten der Länder und Gemeinden statt. Bundeskanzler Schröder nutzte den Kairos für eine radikale Reform, der sich daraus ergab, dass er die Hoffnung auf eine Wiederwahl aufgegeben hatte, und ich nutzte den Kairos für eine deutliche Entlastung des Landeshaushalts, deren wahres Ausmaß ich vor meinen Kollegen im Senat und der Berliner Öffentlichkeit so gut wie möglich verborgen hielt.

Der Verkauf der Berliner Landesbank

Im Sommer 2001 zerbrach in Berlin der vom Regierenden Bürgermeister Eberhard Diepgen geführte Senat der CDU/SPD-Koalition an der drohenden Insolvenz der Berliner Bankgesellschaft. Diese hatte gerade eine Kapitalerhöhung von 3,5 Milliarden DM aus der Berliner Landeskasse erhalten, da taten sich schon wieder neue Bilanzlöcher auf. Als ich im Januar 2002 in der von Klaus Wowereit (SPD) geführten rot-roten Landesregierung Finanzsenator wurde, widmete ich bis 2007 einen wesentlichen Teil meiner Arbeitskraft und meines politischen Durchsetzungsvermögens der Sanierung und dem Verkauf der Berliner Bankgesellschaft. Für das notleidende Geschäft der Bank mit Immobilienfonds war eine Landesbürgschaft von 21,5 Milliarden Euro notwendig und wurde von mir durchgesetzt. Das durch die Bürgschaft geschützte Immobiliendienstleistungsgeschäft wurde abgespalten. Dies ermöglichte die Sanierung der Bank. Teile des

Unternehmens mussten gemäß den Auflagen der Beihilfegenehmigung schon während der Sanierung verkauft werden. Nach den Beihilfe-Auflagen der EU-Kommission, die ich verhandelt hatte, musste die sanierte Bank bis Ende 2007 privatisiert werden. Die Sanierungsfortschritte waren gut, die Bank machte wieder Gewinne. Aber ihr Kern, die Landesbank mit der Berliner Sparkasse, war ja öffentlich-rechtlich und konnte also nur von Landesbanken und Sparkassen erworben werden.

Dieses Hindernis beseitigte das Land Berlin im Sommer 2005 durch eine Novellierung des Berliner Sparkassengesetzes: Die Berliner Landesbank wurde in eine Aktiengesellschaft umgewandelt, in der die Berliner Sparkasse als teilrechtsfähige Anstalt öffentlichen Rechts integriert war. Durch diesen juristischen Trick konnten auch private Interessenten die Landesbank samt Sparkasse kaufen. Ich stimmte mein Vorgehen mit dem PDS-Wirtschaftssenator Harald Wolf ab. Die PDS banden keine besonderen Emotionen an den öffentlich-rechtlichen Sparkassensektor – anders als bei SPD und CDU. Das zwischen den Koalitionspartnern SPD und PDS unstreitige Gesetzgebungsverfahren wurde im Frühling 2005 im Berliner Abgeordnetenhaus in nur wenigen Wochen durchgezogen. Das ging umso leichter, als die gesamte bundespolitische Aufmerksamkeit durch die anstehende Bundestagswahl gebunden war. Der Deutsche Sparkassen- und Giroverband war noch nicht richtig aufgewacht, die Lobby gegen die Gesetzesnovelle noch nicht mobilisiert, als das neue Gesetz am 18. Juni 2005 im Landesgesetzblatt veröffentlicht wurde.

Anfang 2007 starteten wir das Privatisierungsverfahren. Die deutschen Landesbanken und Sparkassen waren hochgradig nervös. Sie wollten um jeden Preis verhindern, dass eine Landesbank in private Hände geriet und so ein

Präzedenzfall geschaffen wurde. Alle legten zusammen, und so verfügte Heinrich Haasis, der Präsident des Deutschen Sparkassen- und Giroverbands (DSGV), über eine stattlich gefüllte Kriegskasse zum Ankauf der Berliner Landesbank. Leider war das Interesse privater Investoren gar nicht so hoch, wie ich gehofft hatte, aber das Verfahren war ja zum Glück vertraulich. Die Commerzbank hatte ein Gebot von 3,5 Milliarden Euro abgegeben. Aber wie mir ihr damaliger Chef Klaus-Peter Müller unter vier Augen sagte, war das Angebot nicht wirklich ernst gemeint. Er wollte mir nur eine Handhabe geben, um den Preis hochzutreiben. So ging ich dann in die letzte Verhandlungsrunde mit Heinrich Haasis. Im abschließenden Vieraugengespräch im Juni erhöhte er sein Angebot nochmals um einen dreistelligen Betrag. Ich hatte nämlich meine Absicht bekundet, das Verfahren zu unterbrechen und im Herbst 2007 an den Kapitalmarkt zu gehen. Wir einigten uns auf einen Kaufpreis von 4,62 Milliarden Euro. Außerdem kaufte der DSGV die stille Einlage des Landes Berlin für 723 Millionen Euro. Zusammen machte das 5,343 Milliarden Euro. Am 15. Juni 2007 unterschrieben wir den Vertrag. Ich fühlte mich wie auf Wolken.

Fünf Jahre zuvor hatte ich dem damaligen DSGV-Präsidenten Heinrich Hoppenstedt die gesamte Berliner Bankgesellschaft für 1 Euro angeboten. Er hatte abgelehnt. Solch ein Risiko sei den Landesbanken und Sparkassen nicht zumutbar. Ein ausverhandeltes Angebot privater Investoren (Bonderman, Flowers), die Bank für einen negativen Kaufpreis (also eine Zuzahlung des Landes Berlin) von 2 Milliarden Euro zu übernehmen, hatte der Berliner Senat abgelehnt, wozu ich geraten hatte. Daraufhin hatte mich die deutsche Wirtschaftspresse des Größenwahns bezichtigt, weil ich der Illusion erläge, das Land Berlin könne besser sanieren als private Investoren.

Nur wenige Wochen nach der Unterschrift unter den Kaufvertrag begann am 9. August 2007 in den USA mit dem Platzen der ersten Subprime-Kredite die Weltfinanzkrise. Das Vertrauen unter den Banken brach zusammen. Die Berliner Landesbank wäre für Jahre unverkäuflich gewesen. Vor dem Verkauf hatten unsere internen Schätzungen der Berliner Landesbank einen Wert von 2 bis 2,5 Milliarden Euro zugewiesen. Wir erzielten mehr als das Doppelte. Heute haben die Sparkassen und Landesbanken den Wert dieser Beteiligung auf unter 2 Milliarden Euro abgeschrieben.

Dreimal war mir in dieser Sache der Kairos für glückhaftes Handeln begegnet, und ich hatte ihn genutzt:

- Das erste Mal, als ich 2002 den ernsthaften Versuch machte, die unsanierte Bank zu verkaufen, und bei einem negativen Kaufpreis von 2 Milliarden Euro endete. Damit war unstreitig, dass das Land das Risiko der Sanierung übernehmen musste, und ich bekam dafür die entsprechende politische Unterstützung.
- Das zweite Mal, als wir im Frühling 2005 quasi in einer Nacht-und-Nebel-Aktion die Rechtsform der Berliner Landesbank änderten, sodass sie auch an Private verkauft werden konnte. Damit schufen wir die Konkurrenzsituation, die den DSGV in ein hohes Gebot trieb.
- Das dritte Mal, als ich das Verfahren im Juli 2007 zu einem schnellen Abschluss brachte. Dadurch erzielte das Land Berlin für seine ehemalige Pleitebank einen um 150 Prozent überhöhten Kaufpreis.

Das Beispiel der Berliner Landesbank zeigt besonders deutlich: Der Kairos kündigt sich nicht an, es gibt keine diesbezügliche Meldung in der Zeitung. Man muss ein Gespür für ihn entwickeln. Dieses Gespür entwickelt sich nur aus dem intensiven

Interesse an der Sache und aus der entsprechenden Expertise. Das Expertenwissen allein macht es aber auch nicht. Man braucht ein Gespür für die innere Bewegung der Gesamtverhältnisse und dann die Kraft zur schnellen Entscheidung.

Als Knabe habe ich die *Hornblower*-Romane von C.S. Forester mit Begeisterung gelesen und jeden dieser drei dickleibigen Wälzer mindestens dreimal verschlungen. Der Romanheld Horatio Hornblower war britischer Marineoffizier zur Zeit der napoleonischen Kriege. Bei den dort geschilderten zahlreichen Seegefechten war höchste Segelkunst gefragt. Man musste so segeln, dass man dem Gegner die feuerbereite Breitseite zuwandte, wenn dieser noch nicht in Gefechtsposition war. Wenn man dann im nahen Vorbeigleiten zur richtigen Sekunde feuerte, war das Gefecht entschieden. So ist das auch mit dem Kairos in der Politik.

Leider beherrschen das nur wenige Politiker.

Politik und Gewalt

Jede staatliche Herrschaft gründet auf Gewalt. Der funktionierende moderne Staat hat innerhalb seiner Grenzen das Monopol auf Gewalt und kann die Gewaltanwendung unter Bürgern mehr oder weniger wirksam verhindern. Wer unbefugte Gewalt anwendet, wird verfolgt und bestraft. Im Rechtsstaat ist aber auch die Gewaltanwendung des Staates durch Gesetze geregelt und begrenzt. So ist dem politisch Handelnden der unmittelbare Zugriff auf Gewaltmittel nicht möglich. Er muss sich der dazu befugten staatlichen Organe bedienen, die wiederum an Recht und Gesetz gebunden sind und nur in deren Rahmen Weisungen der zuständigen Politiker befolgen dürfen. Soweit die Theorie. Die politische Wirklichkeit ist weitaus variantenreicher:

- Auch im deutschen Rechtsstaat werden muslimische Mädchen zwangsweise verheiratet, ohne dass der Rechtsstaat eingreift, und in manchen Großstädten haben sich Justiz und Polizei vor der organisierten Kriminalität kurdischer und arabischer Großfamilien längst zurückgezogen.
- Wie in Großbritannien 2014 bekannt wurde, hatte die von der Labour-Partei beherrschte Gemeindeverwaltung der Stadt Rotherham jahrelang vertuscht, dass pakistanische Banden über Jahre Tausende blutjunger Mädchen systematisch missbrauchten und in die Prostitution zwangen. Dies kam offenbar auch in anderen englischen Gemeinden vor.[10]
- Im türkischen Parlament prügelten sich im Februar 2015 Abgeordnete der AKP und der Opposition so sehr, dass einige ärztlich behandelt werden mussten. Es ging um ein Gesetz, mit dem die regierende AKP die Versammlungsfreiheit einschränken wollte.
- In großen Teilen Süditaliens bewegt sich die Mafia nach wie vor in einem rechtsfreien Raum, in dem sie Gewalt fast nach Belieben einsetzt.
- In Frankreich ist es offenbar üblich, dass sich die Inhaber der Regierungsmacht der Justiz und der Polizei bedienen, um politische Gegner in großem Stil abzuhören.
- In den USA kann der Präsident nach eigenem Ermessen weltweit durch den Geheimdienst oder mithilfe von Drohnen Staatsfeinde oder Terroristen töten lassen und macht davon auch reichlich Gebrauch.
- In Russland ist es dem Präsidenten Putin offenbar möglich, jeden ins Gefängnis zu bringen, der sich seinen politischen Absichten widersetzt, selbst wenn sich der Oppositionelle gesetzestreu verhält. Das zeigte sich im Februar 2021 an der Verurteilung des Oppositionspoli-

tikers Alexei Nawalny zu dreieinhalb Jahren Straflager, nachdem im August 2020 ein Giftanschlag gegen ihn misslungen war.

Aber auch dort, wo die Maximen und Grenzen des Rechtsstaats penibel beachtet und strikt durchgesetzt werden, ist die Verbindung zwischen Politik und Gewalt eng und elementar: Für exekutives staatliches Handeln muss man die Ämter an den Spitzen der Exekutive besetzen. Für legislatives politisches Handeln braucht man parlamentarische Mehrheiten, und für die Umsetzung der so beschlossenen Gesetze wiederum die Exekutive. Ohne die Herrschaft über die Quellen der staatlichen Gewalt geht also gar nichts in der Politik.

Politik und Wahrheit

Wie unter anderen Menschen auch, gibt es unter Politikern ehrliche und weniger ehrliche Charaktere, Freunde der Wahrhaftigkeit und notorische Lügner. Politische Ziele kommen aus dem vorrationalen Raum und beanspruchen daher eine subjektive Geltung jenseits des Wahrheitsbegriffs. Wer erfolgreich Politik machen will, tut zwar gut daran, sich an der Wirklichkeit zu orientieren, damit er nicht an ihr scheitert. Er sollte also ein Eigeninteresse daran haben, die Wahrheit über jene Sachverhalte und Zusammenhänge zu erfahren, mit denen er politisch umgehen muss. Dieses Eigeninteresse endet aber häufig dort, wo die Kenntnis der Wahrheit geeignet ist, seine Grundeinstellungen und Zielsetzungen in Bezug auf eine bestimmte Sache infrage zu stellen. Dann ziehen es viele Politiker vor, wegzuschauen oder unübersehbare Tatsachen einseitig im Lichte ihres Weltbildes und ihrer politischen Ziele zu interpretieren. Das ist kaum jemals böse Absicht, sondern geschieht ganz unbewusst. Generell gilt: Je mehr sich ein Politiker mit einem Ziel verbunden hat, umso selektiver ist sein Blick auf die damit verbundene Wirklichkeit.

Die Grundeinstellungen und Wertungen, die seine politischen Zielsetzungen bestimmen, wirken gleichzeitig als Filter bei der Betrachtung der Realität. Wo der Islamkritiker lauter Kopftücher, Ehrenmorde und dumpfe Radikalisierung sieht, fallen dem wohlmeinenden Liberalen nur stabile Familienstrukturen, niedrige Scheidungsraten und traditionelle Lebensformen auf. Wo der Freund der Marktwirtschaft sich am gesunden Wettbewerb, an Innovation und wachsendem Realeinkommen erfreut, wittert der linke Systemkritiker Ausbeutung, ungerechte Verteilung und Angst vor dem sozialen Abstieg.

Die vollständige Wahrheit über gesellschaftliche Sachverhalte ist meist sehr komplex und facettenreich. Wer sich in sie vertieft, ist schnell »von des Gedankens Blässe angekränkelt« und wird zum Zweifler. Zweifel und Handeln vertragen sich aber schlecht. Der Politiker möchte gern den Zweifel hinter sich lassen und muss das auch tun, wenn er mit Energie handeln soll. Um den Zweifel zu besiegen, tendiert politisches Handeln zu binären Lösungen: Ja oder nein, gut oder böse, Freund oder Feind, nützlich oder schädlich – das sind die Alternativen, die die Politik liebt. »Wahrheit« wird da schnell zum philosophischen Begriff.

Natürlich ist Politik langfristig umso erfolgreicher, je mehr sie die komplexe Ganzheit der Gesellschaft zur Kenntnis nimmt und in ihrem Handeln berücksichtigt. Aber nur sehr bedeutende Politiker schaffen den geistigen und moralischen Spagat zwischen einer wahrheitsorientierten Betrachtung der komplexen Wirklichkeit und der Notwendigkeit, beim entschiedenen politischen Handeln in ganz klaren Alternativen zu denken und entsprechend vorzugehen.

Wenn sich ein Politiker für die Wahrheit interessiert (was immer gut ist), bedeutet das noch lange nicht, dass er die Wahrheit sagt. Ein Politiker sagt das, was ihm politisch nützlich erscheint. Nutzt ihm die Verschleierung der Wahrheit beziehungsweise die Lüge, wird er sich um die Wahrheit drücken. So war es früher in den Rentendebatten, und so ist es gegenwärtig in den deutschen Debatten zur Demografie, zur Einwanderung, zum Islam oder zur Griechenland-Rettung im Rahmen der europäischen Währungsunion.[11] Konsequent leugneten die Finanz- und Währungspolitiker Europas im Frühjahr 2015 einen Plan B für den Fall, dass eine Einigung mit Griechenland nicht zustande komme.[12] Die Unwahrheit wird dabei meist gar nicht als Lüge, sondern als Propaganda für eine richtige Sache verstanden.

Putins unverfrorene Erklärungen zur Ukraine-Politik seines Landes von 2014 bis 2021 gehören in dieselbe Kategorie. Sie erfüllen ihren Zweck, die westlichen Staaten hinzuhalten und immer wieder das eigene Volk hinter sich zu bringen.[13]

Beim Klimaschutz klopfte das Bundesverfassungsgericht mit seiner Entscheidung vom 24. März 2021 dem Bundesgesetzgeber auf die Finger. Es monierte, dass das Klimaschutzgesetz vom 12. Dezember 2019 weitreichende Ziele zur Reduktion des CO_2-Ausstoßes bis zum Jahr 2050 festlegte, deren Umsetzung aber nur bis 2031 konkretisierte.[14] Die ganz harte Wahrheit über die notwendigen Maßnahmen, wenn man den Klimaschutz ernst nahm, hatten Bundesregierung und Bundestag dem Bürger offenbar nicht zumuten wollen. Für den Bundestagswahlkampf lieferte das Bundesverfassungsgericht damit den Grünen zulasten der Union und SPD unvermutet eine politische Steilvorlage. Man wird im Jahr 2022 sehen, ob die Wahrheitsliebe einer neuen Bundesregierung bei den Konsequenzen des Klimaschutzes wirklich größer ist, ober ob nicht lediglich eine Verdrängung in die eine

Richtung durch neue Verdrängungen in die andere Richtung ersetzt wird.

Politik und Wissenschaft

Das Verhältnis von Politik zu Wissenschaft kann – technologisch neutral – als instrumentell bezeichnet werden. Politiker möchten Ziele erreichen – persönliche Ziele, sachliche Ziele –, denen sie sich aus irgendeinem Grund verschrieben haben. Soweit sie wissenschaftliche Erkenntnisse überhaupt wahrnehmen, nutzen sie diese, sofern sie den angestrebten Zielen dienlich sind, und ignorieren den Rest. Sollte die Wissenschaft ihren Zielen nicht dienlich sein, werden deren Vertreter bekämpft, sobald sie nicht mehr ignoriert werden können, und zwar nicht inhaltlich, sondern politisch und persönlich. Diese grundsätzlich bestehende Tendenz wird abgemildert oder verschärft durch die allgemeine kulturelle Prägung einer Gesellschaft, die auch die Sozialisation und Erziehung ihrer Politiker beeinflusst. Die Durchdringung der Welt im Geiste der Wissenschaft, die seit der Renaissance das kulturelle Geschehen im europäischen Abendland bestimmte, hat in den letzten 500 Jahren mehr und mehr auch die politisch Handelnden geformt, besonders wenn sie eine sorgfältige Erziehung mit breiter Grundbildung genossen.

Auch heute noch merken wir den Politikern die Qualität ihrer Bildung an. Wer sein Studium – gleich welcher Fachrichtung – an einer anspruchsvollen Hochschule in der Spitzengruppe seines Jahrgangs abgeschlossen hat und dann trotz anderer beruflicher Chancen den Weg in die Politik wählte, ragt unter den aktiven Politikern gewöhnlich heraus, weil seine Neugier weiter reicht, seine Stoffbeherrschung tiefer geht und er sich bei der Begründung seines politischen

Handelns vor sich und der Welt mehr Mühe gibt. Das macht ihn nicht unbedingt zum besseren Politiker. Wenn er sich in die falsche Sache verbeißt, kann er auch viel mehr Schaden anrichten als andere, weniger Befähigte. Im Durchschnitt aber steigern das geistige Niveau, die Breite der Bildung und die wissenschaftliche Neigung eines Politikers die Qualität seiner Politik. Allerdings kann man immer wieder beobachten (und in den letzten Jahren immer öfter), wie die fehlende systematische Schulung des kritischen Geistes zu unsystematischen und stümperhaften politischen Entscheidungen führt. Praktische Politik ist leider immer unvermeidlich ein Stück weit widersprüchlich und insofern auch unsystematisch. Diese immanenten Schwächen des politischen Prozesses kommen aber noch viel mehr zum Tragen, wenn die handelnden Politiker wenig gebildet und geistig unbedeutend sind.

Deshalb stimmt es mich besorgt, dass es immer mehr Berufspolitiker gibt, denen ihre Doktorgrade aberkannt wurden oder die es nicht geschafft haben, ein einmal begonnenes akademisches Studium erfolgreich zu Ende zu führen. Die gescheiterten akademischen Laufbahnen von Karl-Theodor zu Guttenberg (CSU) oder Kevin Kühnert (SPD) sind dem Ansehen von Politik insgesamt abträglich und lassen Zweifel an der Qualität der Auswahlprozesse aufkommen.

Noch nie hat es geschadet, wenn ein Fachpolitiker auch Fachmann ist: Ein Jurist mit zwei sehr guten Prädikatsexamina gibt nun mal den besseren Justizminister ab, und ein qualifizierter Ökonom mit geschultem Zahlenverständnis den besseren Finanzminister, *wenn* beide auch etwas von Politik verstehen. Leider ging in den vergangenen Jahrzehnten der Anteil der Politiker mit formaler Schulung, breiter Bildung und fachlicher Expertise immer weiter zurück zugunsten einer immer größeren Zahl gefühlsgesteuerter Dilettanten und gesichtsloser Opportunisten. Ich erinnere mich an zahlreiche Gespräche, bei denen ich schlicht am mangelhaften Abstraktionsvermögen meines Gegenübers scheiterte. Dieser Mangel war den Betroffenen häufig willkommen, weil er es ihnen leichter machte, ihren opportunistischen Impulsen zu folgen.

Vor den Naturwissenschaften haben Politiker noch den meisten Respekt. Deren Ergebnisse werden einfach ignoriert, wenn sie nicht in ihr Weltbild passen oder politisch inopportun sind. Tendenziell aggressiver fällt die politische Reaktion aus, wenn wissenschaftliche Erkenntnisse zur eigenen Ideologie in Widerspruch geraten. Das zeigt sich besonders anschaulich in der Intelligenz- und Bildungsforschung. Hier setzt allmählich und gleitend das Phänomen ein, dass gewisse Forschungsrichtungen und -felder einen affirmativen Charakter annehmen und zum Diener bestimmter politischer Grundeinstellungen oder bestimmter politischer Ziele werden. Auch Wissenschaftler sind Menschen aus Fleisch und Blut und verfolgen nicht selten opportunistische Ziele: Sie möchten Anerkennung finden, Forschungsgelder einwerben oder an die Spitze eines renommierten Instituts berufen werden. Dafür leisten sie schon mal einen politischen Lippendienst. Gerade die Gesellschaftswissenschaften sind für politische Korruptionen dieser Art anfällig. Nicht die Wahrheit ist dann das Ziel, sondern der Wunsch, einer bestimmten Lesart Geltung zu verschaffen. Ein typisches Beispiel dafür sind die herrschenden Trends in der sogenannten Genderforschung.[15]

Jeder Wissenschaftler, der sich aus seiner fachlichen Sicht zu politischen Tagesfragen äußert, steigt damit unvermeidlich in die Arena des politischen Kampfes und wird ein Stück weit selbst zum Politiker. So ergeht es häufig prominenten Historikern, Politikwissenschaftlern und Ökonomen. Die so eingebrachte Fachautorität kann politische Kalküle stören, und dann kommt es zum Gegenschlag. Das fällt meist gar nicht auf: eine Berufung scheitert, Forschungsmittel werden nicht gewährt oder abgebaut. Bei Kommissionen und Beiräten wird der betreffende Wissenschaftler übergangen und so weiter. So wirken die Steuerung und Zensur der politisch missliebigen Wissenschaftler ganz unauffällig. Deshalb tut man gut daran, bei jeder Äußerung eines Wissenschaftlers zu einer gesellschaftspolitisch relevanten Frage zunächst einmal zu fragen »cui bono?« und die betreffende Äußerung bis zum Beweis des Gegenteils nicht zum Nennwert zu nehmen.

Hans-Werner Sinn, der ehemalige Präsident des Münchner Ifo Instituts, ist seit Jahrzehnten ein produktiver Ökonom mit einer Vorliebe für Forschungsfelder, die nah an aktuellen politischen Debatten liegen. Er hat zudem die Gabe der anschaulichen, prägnanten Formulierung. Besonders lästig wurde er der Politik offenbar durch seine wiederholte, gut begründete Kritik an den diversen Maßnahmen zur Rettung der Europäischen Währungsunion seit 2010. Hier kam es im Januar 2015 zu einem organisierten »Gegenschlag«, dem das *Handelsblatt* breiten Raum einräumte. Angeführt von dem in der Berliner Bundespolitik sehr beliebten DIW-Präsidenten Marcel Fratzscher versuchte eine Reihe von Ökonomen aus der zweiten Reihe, Sinns wissenschaftliches Renommee in Misskredit zu ziehen. Der Versuch geriet zum politischen Rohrkrepierer, aber bei einem weniger bekannten und renommierten Wissenschaftler wäre ihm wahrscheinlich Erfolg beschieden gewesen.[16]

Politik und Logik

Politik tut sich nicht nur mit der Wissenschaft schwer. Aus ähnlichen Gründen hat sie auch Schwierigkeiten mit der Logik. Logik ist ihrem Wesen nach unteilbar. Die ganze Welt, ob belebt oder unbelebt, ordnet sich ihren Gesetzen unter:

- Man kann nicht an zwei Orten zugleich sein.
- Man kann nicht ausschlafen und um 6 Uhr aufstehen.
- Man kann nicht den Kuchen essen und ihn zugleich behalten.
- Man kann nicht denselben Euro zweimal ausgeben.
- Man kann nicht das vierte Glas Wein genießen und danach den Porsche sicher steuern.
- Man kann nicht seiner Frau treu sein und gleichzeitig eine Geliebte haben.

Die Beispiele zeigen: Die menschlichen Motive und Gefühle, unsere ursprünglichen Antriebe, folgen nicht den Gesetzen der Logik. Wir wollen fortlaufend Widersprüchliches, objektiv Unvereinbares. Darum scheitert das Leben vieler Menschen bereits auf der persönlichen Ebene.

Das macht die Logik für unser Leben nicht belanglos oder ungültig, ganz im Gegenteil: Je mehr wir die Gesetze der Logik bei der Gestaltung unseres Lebens beachten und zugleich auf unsere Motive und Gefühle hören, umso glücklicher wird unser Leben verlaufen, aber es wird aus Kompromissen bestehen:

- Wir werden öfters mal verreisen, meist aber zu Hause bleiben.
- Wir werden werktags früh aufstehen und am Wochenende lang schlafen.
- Wir werden das dritte und vierte Glas Wein zu Hause trinken oder ein Taxi nehmen.
- Wir werden auf manche Ausgabe verzichten.
- Wir werden entweder unsere Moral oder unser Verhalten ändern.

Der Mensch ist so widersprüchlich, und die Realitäten seiner Umwelt sind so widerborstig, dass Politik nicht einmal dann ohne innere Widersprüche gestaltbar wäre, wenn sie nur einem einzigen Menschen auf der Welt dienen müsste. Ihr Wesen besteht aber gerade darin, dass sie ganz unterschiedlichen Menschen und Gruppen dienen muss, deren Wünsche und Bedürfnisse zueinander in Widerspruch stehen. Daher kommt die Neigung der Politiker, Widersprüchliches zu versprechen. Gute Politik findet eine im Lichte des gesellschaftlichen Gesamtinteresses ausgewogene (und in einer Demokratie mehrheitsfähige) Balance widersprüchlicher Ziele und entsprechender Maßnahmen. Schlechte Politik findet diese Balance nicht oder nicht in ausreichendem Maße.

Politische Einstellungen und gewählte oder anderswie an die Macht gelangte Politiker kommen nicht aus dem luftleeren Raum, sie sind immer auch Produkte der Gesellschaft und der dort herrschenden widersprüchlichen Wünsche und Motive. Griechische Politiker verhalten sich anders als niederländische Politiker, weil sie eine andere Gesellschaft und andere Menschen repräsentieren. Deshalb war es falsch, beide Staaten unter das Dach derselben Währung zu zwingen. Man muss vielmehr ganz kühl die Niederländer den Folgen ihrer guten und die Griechen den Folgen ihrer schlechten Politik überlassen. Alles andere führt nur zu Streit und am Ende dazu, dass schlechte Politik gute Politik infiziert. Die Gesetze der Logik kann man predigen, aber man kann sie nicht aufzwingen. Das hat jeder im Leben bitter gelernt, der einmal versucht hat, einem Verschwender den verantwortungsbewussten Umgang mit Geld beizubringen.

Politik und Komplexität

Jeder nennenswerte Eingriff in die Wirklichkeit durch politisches Handeln wirkt nicht nur in die erhoffte Richtung, sondern erzeugt auch eine Fülle direkter und indirekter Nebenwirkungen, die häufig noch tiefgreifender sind als die Wirkung in der Hauptsache. Gute Politik schätzt solche Nebenwirkungen vorher ab und versucht, sie zu begrenzen. Das erfordert nicht nur politisches Gespür, sondern auch fachliche Expertise. Politisches Handeln wird erfolgreicher, und die unerwarteten Nebenwirkungen nehmen ab, wenn man sich an empirisch bewährte und theoretisch fundierte Handlungsregeln hält, aus einem Gesamtkonzept heraus arbeitet und in überschaubaren Stufen vorgeht.

Gleichwohl bleibt ein Grundproblem: Der handlungsorientierte Typus des Politikers schätzt Komplexität überhaupt nicht. Sie sät Zweifel in sein Handeln und ist geistig unnötig anstrengend. So lehrt uns die Geschichte immer wieder, dass komplexe politische Probleme mit einer verderblichen Mischung aus Tatkraft, Gedankenlosigkeit und Opportunismus angegangen werden. Barbara Tuchman hat dies in *Die Torheit der Regierenden* wunderbar mit Beispielen aus der gesamten Menschheitsgeschichte unterlegt.

Vor einigen Jahren las ich mit großer Faszination und wachsendem Entsetzen *The Gatekeepers* von Dror Moreh. Das Buch enthält in wörtlicher Wiedergabe ausführliche Gespräche mit den sechs noch lebenden Chefs des israelischen Inlandsgeheimdienstes Schin Bet. Ihre Erzählungen decken die gesamte Geschichte Israels seit der Staatsgründung 1948 ab. Sie helfen, die Natur und Ausweglosigkeit des israelisch-palästinensischen Konflikts besser zu verstehen, und sie offenbaren auch das geradezu systemische Versagen der israelischen Politik, sich mit den Ursachen und Heilungsmöglichkeiten dieses für Israel existenzbedrohenden Konflikts grundsätzlich und ohne Wunschdenken auseinanderzusetzen. Die führenden israelischen Politiker der letzten fünfzig Jahre waren keine Dummköpfe, aber am Ende entschieden sie sich meistens für die kurzfristig wirksame opportunistische Alternative und vernachlässigten darüber langfristig wirksame kausale Lösungen.[17]

Politik und Zeitpräferenz

Politik hat zum Faktor Zeit ein widersprüchliches Verhältnis. Für das individuelle und politische Leben und Überleben ist grundsätzlich immer richtig, dass derjenige die Zukunft nicht erreichen wird, der die Probleme des Tages nicht löst. Schon der steinzeitliche Bauer musste abwägen zwischen der Ernährung im Winter und der Vorhaltung von Saatgut und vermehrungsfähigem Vieh für das nächste Frühjahr. Bei Moses im alten Ägypten wurde daraus die Vorsorge für die sieben schlechten Jahre aus dem Überfluss der sieben guten Jahre. Eine moderne Regierung muss abwägen zwischen der Versorgung der heutigen Rentner und der Ausgestaltung des Rentensystems für künftige Generationen. Generell gilt es abzuwägen zwischen Konsum und Investition, zwischen Beifall heute und haltbaren Lösungen für morgen, zwischen dem Festhalten an langfristig tragfähigen Prinzipien und der opportunistischen Befriedigung aktueller Wünsche. Schlechte Politik ergibt sich nicht nur aus Inkompetenz und Böswilligkeit, Egoismus und Korruption, sondern zu einem ganz großen Teil aus der Unfähigkeit oder dem Unwillen zum sachgerechten Umgang mit dem Faktor Zeit und den sich daraus ergebenden Abwägungsprozessen.

Die Unfähigkeit zum Umgang mit dem Faktor Zeit ist nicht selten das Ergebnis von Opportunismus oder schierer Gleichgültigkeit gegenüber dem Morgen, solange nur der eigene Vorteil gewahrt scheint. In dieser Hinsicht unterscheiden sich nicht nur einzelne Politiker und politische Parteien, sondern ganze Völker, Gesellschaften und Kulturen. Wer mit platten materiellen Vorteilen winkt oder das offenbar

Unmögliche heute verspricht, wer die Notwendigkeit vorübergehender Härten verneint, wer Illusionen predigt, wird in jedem Staat und jeder Gesellschaft Gefolgschaft und Wähler finden, aber sein Erfolg wird je nach Kultur sehr unterschiedlich ausfallen. Die Probleme der Europäischen Währungsunion rühren auch daher, dass sie politische Kulturen mit ganz unterschiedlicher Zeitpräferenz vereint. Der Gegensatz zwischen Griechenland auf der einen und Irland oder Estland auf der anderen Seite könnte größer kaum sein.

Opportunistisches Verhalten in Bezug auf den Faktor Zeit führt leicht zur logischen Inkonsistenz der eigenen Strategie mit der Folge eines absoluten Wohlstandsverlustes.

Dazu ein Beispiel aus eigenem Erleben: Von 1997 bis 2000 leitete ich die bundeseigene Treuhandliegenschaftsgesellschaft (TLG). Ihre Aufgabe war es, ehemaligen Grundbesitz der volkseigenen Unternehmen der DDR bestmöglich zu verwerten. Dazu gehörten Verkauf, Sanierung und Entwicklung der Liegenschaften, was einen mittel- und langfristigen Planungs- und Entscheidungshorizont erforderte. 1999 wollte das Bundesfinanzministerium aus der Gesellschaft jedoch unvermittelt eine Milliarde DM Kapital entnehmen, um ein aktuelles Loch im Bundeshaushalt zu stopfen. Damals betrug der Zinssatz für zehnjährige Bundesanleihen 5,7 Prozent. Unsere Entwicklungsstrategie verhieß aber eine weitaus höhere Verzinsung des eingesetzten Kapitals. In einer epischen Auseinandersetzung mit dem damaligen Haushaltsstaatssekretär Manfred Overhaus konnte ich die Entnahme verhindern und die weitere Strategie für die TLG verbindlich festschreiben. Dieser Kampf gehörte zu den am meisten kräftezehrenden meines Berufslebens und hatte meinen Wechsel zur Deutschen Bahn zur Folge. Die Belohnung für den Bund kam, als er die sanierte TLG anderthalb Jahrzehnte später für 1,57 Milliarden Euro, also umgerechnet 3,07 Milliarden

DM verkaufen konnte. Die Investoren haben die TLG mittlerweile erfolgreich an der Börse platziert und damit weitere Gewinne gemacht.

Politik, Experten, Orakel und Prognosen

Die Ansprüche auf eine Kapitalentnahme von einer Milliarde DM, die das Bundesfinanzministerium im Mai 1999 unvermittelt an das von mir geleitete Unternehmen TLG stellte, sind für mich ein klassisches Beispiel für die Zeitinkonsistenz von Politik: Der beamtete Staatssekretär Overhaus wollte seinem neu ins Amt gekommenen Minister Hans Eichel die Aufstellung des neuen Bundeshaushalts erleichtern. Für dessen bessere Optik musste die Frage zurücktreten, was für den Bund auf längere Sicht das finanziell günstigste Verhalten wäre. Natürlich hatte mich damals seine Motivation beschäftigt. Zuerst glaubte ich, es ginge um eine Informationslücke. Dann hielt ich den Staatssekretär vorübergehend für beschränkt. Schließlich kam ich zu dem Ergebnis, dass beides nicht zutraf. Ihm war ganz einfach die Milliarde DM *jetzt* wichtiger als eine ungewisse, wenn auch wahrscheinlich höhere Einnahme zu einem viel späteren Zeitpunkt, an dem er längst in Pension sein würde. Außerdem hatte er bereits so viele Prognosen kommen und verschwinden sehen, dass ihn eine Einschätzung aus meinem Munde selbst dann nicht interessierte, wenn er sie nicht durch ein Sachargument entkräften konnte. Als ich das verstanden hatte, hörte ich auf, beleidigt zu sein, stoppte alle Versuche, ihn zu überzeugen, und setzte mein Ziel, die Entnahme aus der TLG zu verhindern, erfolgreich auf eine andere Weise um, gegen die er machtlos war.[18]

Das ist eine Grundregel der Politik: Wenn du deinen eigenen Standpunkt ausreichend geklärt hast, wenn du die Möglichkeiten zur Überzeugung des Gegners mit negativem

Ergebnis ausgelotet hast, wenn du die Risiken abgewogen hast, dann suche nach Umwegen, über die du vollendete Tatsachen schaffen kannst. Überraschend häufig wirst du sie finden.

Gegen die Überzeugung des politischen Opponenten – wo immer er gerade steht – kommt man mit Sachargumenten, mit mehr oder weniger fundierten Prognosen oder mit Gutachten von Experten meistens leider nicht sehr weit. Auch die abseitigste Meinung findet heutzutage einen Experten; auch die ausgefallenste Prognose ist möglich, wenn man nur die Annahmen entsprechend setzt. Ist zu viel Expertenwissen – das sich zudem noch gegenseitig widerspricht – im Spiel, kommt ohnehin sehr schnell die Phase, in der kein Entscheidungsträger mehr richtig zuhört. Das erlebte die deutsche Politik 2020 und 2021 wiederholt im Wirrwarr der einander widersprechenden Expertenstimmen zum richtigen Vorgehen bei der Corona-Pandemie.

Deshalb muss man als handelnder und verantwortlicher Politiker zunächst alles verfügbare Wissen nutzen, um zu einer fest gegründeten eigenen Position zu gelangen. Dann muss man alle Zweifel begraben und sich nur noch auf die Taktik konzentrieren, wie man sein Ziel erreicht. Daher der leere Blick vieler Politiker, wenn sie in einer schon länger kontroversen Frage mit Argumenten zur Sache konfrontiert werden. Sie haben die Sachebene bereits überwunden. Problematisch ist das, wenn sie die Sachebene gar nicht erst betreten haben.

Politik und Risiko

Wo Entscheidungen getroffen werden, da muss es auch Zweifel geben. Risiken gibt es ohnehin überall. Die falsche Art, mit Risiken umzugehen, ist ihre Vermeidung durch Inaktivität. Besonders falsch aber ist es, durch unbedachtes Handeln oder durch Aktivitäten, die zu große Schritte umfassen, funktionierende Strukturen zu beschädigen, ohne sich über die Risiken und Nebenwirkungen der zu entscheidenden Maßnahmen zuvor ausreichend Rechenschaft abzulegen. Derartig Unbedachtes oder Falsches geschieht in der Politik allerdings fortlaufend. Über die so erzielten Fehlschläge und unzuträglichen Nebenwirkungen lässt sich kaum bis gar nicht diskutieren – und zwar nicht nur, weil ihre politischen Verursacher solche Diskussionen meist nicht wollen und zu behindern versuchen, sondern auch, weil in der Interdependenz der sozialen und ökonomischen Wirklichkeit ganz vieles miteinander zusammenhängt und Einfluss ausübt, ohne dass hinreichend eindeutige kausale Zuordnungen möglich sind.

Die fraglos wachsende Interdependenz in der modernen Welt gibt immer wieder Anlass für allerlei Krisenszenarien. Der Soziologe Ulrich Beck sprach sogar generalisierend von der modernen »Risikogesellschaft«. Für politisches Handeln ist das schwierig, denn Politik als System kann mit Interdependenzen nicht sehr gut umgehen. Wegen dieser zunehmenden Interdependenz wächst die Notwendigkeit guter und stabiler Regulierung auf den unterschiedlichsten Gebieten, gerade auch mit dem Ziel, die Freiheitsgrade politischen Handelns einzuschränken. Denn was der Politiker nicht darf, kann er auch nicht falsch machen.

Kapitel 5

Politik und Gesellschaft

Politisches Handeln bedarf eines Gefäßes beziehungsweise einer Bühne. Diese Begriffe werden hier in ihrer ganzen Unschärfe benutzt. Das Gefäß kann eine Gebietskörperschaft oder ein Staat sein, genauso gut aber auch ein Verband oder eine internationale Organisation. Auch für Fachpolitiken gibt es spezielle Gefäße oder Bühnen, beispielsweise die Kassenärztliche Vereinigung oder die Internationale Arbeitsorganisation in Genf. Tatsächlich überschneiden sich die zahllosen nationalen und internationalen Gefäße beziehungsweise Bühnen für politisches Handeln auf die vielfältigste Art. Ihre Existenz ist historisch bedingt, sie ergibt sich aus Zufällen oder aus der Bündelung bestimmter Interessen.

Nehmen wir als Beispiel die Umweltpolitik: Ein deutscher Umweltminister agiert in Deutschland auf der Bundesebene, verantwortet die Gesetzgebung, hat mit den Ländern, den Gemeinden und den vielfältigsten Verbänden zu tun, fährt regelmäßig zu den Treffen der Umweltminister der EU, tritt bei verschiedenen Organisationen der UNO auf und muss Deutschland beim jeweils aktuellen Weltklimagipfel vertreten. Die wichtigsten Normen der Umweltschutzgesetzgebung – egal ob es sich um den Schutz der Verbraucher vor gefährlichen Stoffen handelt, die Reinhaltung von Wasser und Luft, den Umgang mit genveränderten Pflanzen, die Begrenzung von CO_2 usw. – erhöhen ihre Wirksamkeit erheblich mit entsprechender internationaler Abstimmung oder können überhaupt nur bei international abgestimmtem

Vorgehen wirksam werden. In ähnlicher Form gilt dies für immer mehr Politikbereiche.

Von den vielfältigen Gefäßen und Bühnen der Politik betrachte ich zwei etwas näher: den Nationalstaat und die Weltgesellschaft.

Politik und Nation

Nationen sind historische Produkte. Sie sind in der Vergangenheit zusammengewachsen oder zerfallen und werden sich auch in Zukunft ändern. Nationale Grenzen fallen oft – aber keineswegs immer – mit den Grenzen zwischen Ethnien und Völkern zusammen. Einwanderung und unterschiedliche Fruchtbarkeit von Ethnien in einer Nation führen dazu, dass sich in vielen Nationen die ethnische Zusammensetzung kontinuierlich verschiebt. Teilweise entsteht daraus, quasi in einem Schmelztiegel, ein neues ethnisches Amalgam. Oft ist das aber keineswegs der Fall, und dann leben unterschiedliche Ethnien, Religionen und Kulturen nebeneinanderher. Das kann sehr friedlich stattfinden, wie in der Schweiz der Gegenwart, oder mit großen Spannungen verbunden sein, wie zwischen Juden und Arabern in Palästina.

Infolge der Verwerfungen des Zweiten Weltkriegs und der in seinem Gefolge stattfindenden Vertreibungen fielen in Europa seit 1945 die ethnischen und nationalen Grenzen über lange Zeit weitgehend zusammen. Selbst der Austausch von Gastarbeitern innerhalb Europas hatte hieran zunächst kaum etwas geändert, da die Gastarbeiter größtenteils entweder in ihre Heimatländer zurückgingen oder mit den Gastvölkern verschmolzen. Es ist gegenwärtig unklar, ob dies bei der Einwanderung aus der Türkei, Afrika, Nah- und Mittelost (in Großbritannien auch aus den ehemaligen Kolonien) ebenso sein wird, oder ob in Europa in den nächsten Jahrzehnten innerhalb der Nationalstaaten ein neuer Flickenteppich unterschiedlicher Ethnien und Kulturen entsteht, der auch zum Untergang heutiger Nationen führen kann.

Das alles ändert aber nichts daran, dass die Basis für politische Macht und der Ort für politische Debatten nach wie vor in erster Linie der Nationalstaat ist. Dort wachsen Politiker heran, dort werden sie gewählt und abgewählt. Die Europäische Union ist auf manchen Gebieten den Weg zu einer neuen Staatlichkeit gegangen, auf anderen aber stecken geblieben. Ob der eingeschlagene Weg langfristig zum Erfolg führt, ist noch ungewiss. Es dürfte eher unwahrscheinlich sein, dass sich die unterschiedlichen Mentalitäten und Prägungen der europäischen Völker, die zum größten Teil 1000 Jahre und älter sind, künftig weitgehend angleichen oder ganz verschwinden werden. Den Italienern ist es in 150 Jahren staatlicher Einheit nicht einmal gelungen, die kulturelle Kluft zwischen Nord- und Süditalien zu überwinden. Und nur ein sehr oberflächlicher Betrachter könnte aus der gemeinsamen Sprache und der mentalen Ähnlichkeit zwischen Deutschschweizern und Deutschen folgern, dass es zwischen ihnen keine nennenswerten Unterschiede der nationalen Identität gibt.[1]

Die Nation wird also auf absehbare Zeit die wesentliche Bühne für Politik bleiben. Die internationalen Aktivitäten der nationalen Politiker werden weiter an Bedeutung zunehmen. Sie werden auch das Bild dieser Politiker national und international immer mehr bestimmen. Aber das eigene Land wird die Bühne bleiben, wo der Daumen gehoben oder gesenkt, über ihre weitere Karriere oder ihre Abwahl entschieden wird.

Politik und Weltgesellschaft

Wirtschaftlich und gesellschaftlich relevante Entwicklungen vollziehen sich zunehmend global. Darüber hinaus nehmen Ausmaß und Geschwindigkeit des internationalen Austauschs überdurchschnittlich zu. Auf dieser Tatsache gründen viele Prognosen zum Absterben von Staaten und Nationen beziehungsweise zum Rückgang ihrer Bedeutung. Darin könnte ein Irrtum liegen. Schon seit der Römerzeit und der Völkerwanderung waren in Europa alle wesentlichen kulturellen und gesellschaftlichen Entwicklungen transnational, und doch änderte das nichts an der Ausbildung und Verfestigung von Völkern und Nationen. Solche transnationalen Entwicklungen galten für

- geistige und religiöse Strömungen (Christianisierung, Renaissance, Reformation, Aufklärung, Demokratisierung)
- Epochen der Baustile, der Malerei und der Mode
- wissenschaftlich-technische Entwicklungen
- wirtschaftliche Entwicklungen (Fernhandel, Zeitalter der Entdeckungen, Kolonien).

Gleichwohl blieben sich Dänen und Schweden, Polen und Tschechen, Flamen und Wallonen, Iren und Engländer weiterhin ihrer Eigenarten bewusst. Aktuell besteht eher eine Tendenz zur Aufspaltung bestehender Staaten längs ihrer inneren ethnischen Grenzen als zum Zusammenschluss neuer Gebilde. Dazu steht nicht im Widerspruch, dass der internationale Kooperationsbedarf gewaltig zunimmt und sich auf immer mehr Politikfeldern wesentliche Entscheidungen zu internationalen Gremien und Zusammenschlüssen verlagern. Dieser unvermeidliche Prozess erzeugt aber auch gewaltige Widerstände, die sich teils antikapitalistisch äußern (gegen das internationale Finanzkapital, gegen TTIP usw.), teils Formen von nationaler und regionaler Nostalgie annehmen.

In Demokratien hören Politiker am Ende auf die grundsätzlichen Gefühle jener, die ihre Wähler sein sollen. Die wachsende Zerklüftung des Wähler- und Parteiengefüges in den meisten europäischen Staaten begreifen viele als Warnung, es mit dem Abschied vom Nationalstaat nicht zu übertreiben und dessen Zuständigkeiten gegebenenfalls sogar auszubauen oder zu verteidigen. Ein klarer Trend zu weniger Nationalstaat und mehr Weltgesellschaft ist für mich deshalb gegenwärtig nicht erkennbar. Auch die universale Verbreitung von Smartphone und Internet ändert daran nichts. Diese können schließlich genauso zur Verbreitung der neuen Taschenkollektion von Prada wie zur Verbreitung von Enthauptungsvideos des Islamischen Staates benutzt werden.

Der Soziologe Ulrich Beck – Freund des Weltstaates und der Weltgesellschaft – hörte sich einigermaßen hilflos an, als er am Ende eines langen Forscherlebens forderte: »Wir brauchen eine transnationale Erfindung von Politik und Demokratie, die die Möglichkeit eröffnet, gegen die Dominanz der völlig verselbstständigten Kontrollmonopole demokratische Grundrechte wiederzubeleben und durchzusetzen.«[2] Repräsentative Demokratie und Herrschaft des Gesetzes können nur auf staatlicher Ebene umgesetzt werden, sie sind von der Existenz des Staates gar nicht trennbar.[3] Sollen supranationale Einrichtungen unwiderruflich bestimmte Souveränitätsrechte auf höherer Ebene bündeln, so erfordert dies eine neue staatliche Ebene mit entsprechenden Durchgriffsrechten, eigener Gesetzgebung und eigener demokratischer Legitimation. Soll dies weltweit geschehen, so setzt das einen Weltstaat mit entsprechenden Kompetenzen voraus. Diesen kann es nicht geben, solange noch nicht einmal die Europäische Union den Weg in die eigene Staatlichkeit gefunden hat.

Politik und Medien

Egal ob traditionelle Herrschaft, charismatische Herrschaft, nackte Diktatur oder Demokratie: In allen Herrschaftsformen kann die richtige Kommunikation den Gewinn, den Erhalt und den Ausbau von politischer Macht erleichtern, und die falsche Kommunikation kann ebendiese Ziele beschädigen. Darum stand die Redekunst bei den Römern und Griechen so hoch im Kurs. Wo gewählt wurde, gab es Wahlgeschenke. Es gab religiöse Riten, die die Herrschaft stützen sollten. Allerlei Riten, Symbole und Gepränge dienten zu allen Zeiten der Erhöhung der Herrschenden und als Stütze ihrer Legitimation. Die Herrschaft über die Kommunikation war dabei selbstverständlich, politische Zensur folgerichtig, sofern sie überhaupt als solche empfunden wurde. Es war gar nicht vorgesehen, dass sich die Ideen und das Denken der Beherrschten von den Zielen der Herrschenden lösten.

Selbstverständlich stritt man um Macht. Es gab Aufstände gegen Hunger, Unterdrückung und Fremdherrschaft. Wo neue Ideen siegten, wie etwa bei der Christianisierung des Römischen Reichs, führte dies aber nicht zu mehr Liberalität, sondern zur Unterdrückung alter Ideen. Selbst die Reformation vollzog sich noch nach diesem Muster. Das spiegelt sich sehr schön im Kernsatz des Augsburger Religionsfriedens von 1555: »Cuius regio, eius religio.« Der Fürst konnte bestimmen, was seine Untertanen glauben sollten. Und doch beginnt die moderne Mediengeschichte mit der Reformation: Martin Luther war nach heutigen Maßstäben ein Medienstar. Die junge Kunst des Buchdrucks verbreitete seine systemsprengende Glaubenslehre in großer Geschwindigkeit. Andere folgten ihm nach. Die Geschichte von Philosophie und Aufklärung war auch weitgehend eine Reibung an bestehenden Verhältnissen und überkommener politischer Macht.

Allmählich brach sich die Erkenntnis Bahn, dass sich die freie Diskussion der unterschiedlichsten Ideen sowieso nicht unterdrücken lässt und zudem auch für die Entwicklung der Gesellschaft und den Fortschritt von Wirtschaft und Wissenschaft förderlich sein kann. So wurde die Freiheit der Meinungsäußerung schließlich auch formal gesichert und die staatliche Zensur abgeschafft. Nach dem Augsburger Religionsfrieden dauerte dieser Prozess in Europa noch drei bis vier Jahrhunderte. Er kam unter vielfältigen Rückschlägen erst mit dem Zusammenbruch der kommunistischen Herrschaft in Osteuropa zu einem halbwegs endgültigen Abschluss.

Politiker tun alles in ihrer Macht Stehende, um Einfluss auf die Medien zu nehmen – unabhängig davon, ob es eine staatliche Zensur gibt oder nicht, ob man in einer Demokratie lebt oder nicht. Durch die Medien sprechen sie nicht nur die Bevölkerung als Ganzes, sondern gezielt ihre Wähler an. Die Darstellung von politischen Streitigkeiten, von Erfolgen und Misserfolgen und von Debattenverläufen in den Medien ist für den Erfolg von Politik und für die handelnden Politiker oft viel wichtiger als die tatsächlichen Verläufe. Nicht Wahrheit, sondern Geltung ist gefragt. Darum ist für Max Weber der »›Demagoge‹ (...) seit dem Verfassungsstaat und vollends seit der Demokratie der Typus des führenden Politikers im Okzident (...) und der politische Publizist und vor allem der *Journalist* der wichtigste heutige Repräsentant der Gattung«.[4] Die »journalistische Laufbahn«, so stellte er 1919 fest, bleibe »einer der wichtigsten Wege der berufsmäßigen politischen Tätigkeit.«[5] Politische Journalisten sind schreibende Politiker.

»Die Medien« gibt es genauso wenig wie »die Politik«. Auf beiden Seiten gibt es Personen und Institutionen, Gewinner und Verlierer, Machtballung und erlebte Machtlosigkeit, Interessen, Lügen, Idealismus, Dummheit, Klugheit und jede Menge Chaos. Medien wachen nicht über irgendwelche Ideale, sondern sind die Wächter ihrer eigenen Ideen. Wie Werner Patzelt schreibt, entstand so in den Medien »ein gefühlt klarer Kanon dessen, was an Betrachtungsweisen, Begriffen, Sprachformeln und Argumenten in Deutschland ›geht‹ oder eben ›nicht geht‹. Wer sich daran hält, darf am öffentlichen Diskurs teilnehmen. Wer sich gegen diesen Kanon vergeht, ist auszugrenzen.«[6]

Regelmäßig gehen Medienvertreter sehr weit, um Ideen zu propagieren, die sie teilen, und Ideen zu diffamieren und zu unterdrücken, die sie ablehnen. Es mag Fälle geben, in denen das so entstehende publizistische Meinungsspektrum der Wahrheit nahekommt oder die Meinungsbildung in der Gesellschaft adäquat widerspiegelt. Zwingend ist das nicht, sondern eher die Ausnahme als die Regel. Das liegt daran, dass der klassische Medienvertreter sich häufig vor allem als Meinungsmacher und weniger als Wahrheitssucher versteht. So färben sich in seinen Berichten die Fakten entsprechend, auch wenn sie nicht unbedingt falsch sind.

In Deutschland stehen Medienvertreter im Durchschnitt deutlich links von der Gesellschaft. Sie haben für ein Klima gesorgt, in dem gegen »rechts« zu sein, als allgemeine Bürgerpflicht gilt, während selbst radikales Linkssein eher als eine harmlose Neigung eingestuft wird.[7] Diese Grundeinstellung prägt die Auswahl der Themen und die Färbung der Berichterstattung. Man sah dies Ende 2014/Anfang 2015 sehr anschaulich an den Schwerpunkten der Medienberichterstattung über Pegida.[8] Der aus Dresden stammende CDU-Politiker und frühere DDR-Bürgerrechtler Arnold Vaatz meint dazu: »Die ganze westliche Szene der 70er- und 80er-Jahre war von der Propaganda aus Moskau und Ost-Berlin unterwandert, und bei westdeutschen ›Alt-68ern‹ wirkt dies bis heute nach.«[9]

Wichtige Erkenntnisse zur Verhaltensdynamik deutscher Medien gewann ich bei einem Sozialexperiment, das ich selbst vornahm: In meinem Buch *Der neue Tugendterror* hatte ich 2014 in einem 70 Seiten langen Kapitel im Detail anhand konkreter Zitate nachgewiesen, dass deutsche Medien 2010 und 2011 über *Deutschland schafft sich ab* in großem Stil nicht nur tendenziös, sondern schlicht sachlich falsch berichtet hatten. Alles war sorgfältig belegt, und es wurde klar, dass die Fehler nicht versehentlich, sondern systematisch erfolgten. Das reichte bis zu gezielt gefälschten Zitaten.[10] Der Medienforscher Hans Mathias Kepplinger stellte fest, dass »diese substanzielle Kritik an den Medien in keiner Besprechung seines neuen Buches seriös diskutiert, sondern, wenn sie überhaupt erwähnt wurde, als ›Medienschelte‹ abgetan« wurde.[11] Offenbar wollte man die Verfehlungen weder bestätigen noch sich mit ihnen auseinandersetzen.

Seit meiner eigenen Erfahrung weiß ich genau, was ich bis dahin nur vermutet hatte:

- Eine Tatsache oder eine Sichtweise muss nicht schon deshalb stimmen, weil die Leitmedien mehr oder weniger übereinstimmend darüber berichten.
- Die Neigung der Medien zu verschleiernder, tendenziöser und falscher Berichterstattung ist umso größer, je mehr die Berichtenden oder die Medien in der Sache, über die sie berichten, selbst Partei ergriffen haben.

Die Medien sind nicht unbedingt ein unabhängiger und kritischer Kontrolleur von Politik. Sie sind vielmehr selbst Teil des politischen Prozesses und darin auch Partei. Das gilt nicht nur für die bekannten Scharfrichter des Meinungsjournalismus, wie den 2014 verstorbenen *FAZ*-Herausgeber Frank Schirrmacher oder den *Tagesspiegel*-Herausgeber Lorenz Maroldt, sondern auch für die vielen weniger bekannten Namen und auch die kleinen Schreiberlinge, die sich im täglichen Kampf zwischen objektiver Berichterstattung und subjektiver Parteinahme zu oft für Letzteres entscheiden, ohne dass dies dem ahnungslosen Leser oder Fernsehzuschauer deutlich wird. Am schönsten ist es für Medien und Politik, wenn man sich ungeliebter Meinungen auf quasi administrativem Weg, über die Auswahl und Präsentation dessen, was man (nicht) veröffentlicht, entledigen kann. So begünstigt man die erwünschte und diskreditiert die unerwünschte Meinung. Ein Meister in dieser Praxis ist in Deutschland der öffentlich-rechtliche Rundfunk.[12]

Es mag so sein, dass im Medienkampf manchmal das bessere Argument siegt. Dies ist aber nicht zwingend so, noch ist es unbedingt wahrscheinlich. Es ist sogar durchaus möglich, dass eine verzerrte Medienberichterstattung die Politiker wie die Mehrheit der Bürger in die Irre führt. So können durch mediale Wirkungen Entscheidungen zustande kommen, die die meisten gar nicht wollten. Dieser Fall kann eintreten, wenn die Mehrheit eine Norm oder eine Maßnahme insgeheim ablehnt, unter dem Einfluss der Medien aber annimmt, die Mehrheit sei dafür, und sich aufgrund dieser falschen Annahme zu dieser Ablehnung nicht bekennt. In der Sozialpsychologie ist dieses Phänomen als pluralistische Ignoranz bekannt.[13] Es ähnelt der von Elisabeth Noelle-Neumann entdeckten und beschriebenen Schweigespirale.[14]

Während in den letzten Jahren die politischen Unterschiede zwischen Union, SPD und Grünen immer geringer wurden, nahm in den Medien die Neigung zu, jene moralisch auszugrenzen oder zumindest in der Sache nicht ernst zu nehmen, die sich außerhalb dieses Spektrums bewegen. Erst allmählich setzt infolge der generell sinkenden Reichweite der Medien (die nicht nur auf das Internet, Facebook und Twitter zurückzuführen ist) eine Entwicklung ein, die bei den Medien eine gewisse Verunsicherung auslöst. Dort dämmert die Einsicht, dass nicht alle, die außerhalb des »Konsensbogens« einer »schwarz-rot-grünen Koalition« stehen, linke oder rechte Populisten sind. In der *Zeit* formulierten Matthias Geis und Bernd Ulrich wenige Wochen nach den ersten Pegida-Demonstrationen: »Man kann nicht länger das Falsche so ahnden wie das Böse, das Unsinnige nicht ausgrenzen wie das Gefährliche.«[15]

Üblicherweise zieht Politik aus der Fülle der in einem Politikbereich gegebenen Handlungsalternativen nur ein relativ enges Spektrum in Betracht, weil der Rest nicht als politisch akzeptabel gilt. Dieses Fenster politisch akzeptabler Möglichkeiten ist weitgehend nicht durch das definiert, was Politiker sich vorstellen könnten, sondern durch die in einer Gesellschaft vorherrschenden Ideen. Wenn sich diese Ideen ändern, ändern sich auch die Optionen der Politik. Der Einfluss der Medien auf die in einer Gesellschaft vorherrschenden Ideen ist zugleich der wichtigste Kanal ihrer Einflussmöglichkeiten auf die Politik. Eine geschickte mediale Strategie kann für ursprünglich nicht mehrheitsfähige, vielleicht sogar als abseitig erachtete Ideen ein Fenster der Möglichkeiten eröffnen.[16] Die hierin liegende wechselseitige Dynamik ist eine Quelle der Faszination von Politik und Medien füreinander.

Der Einfluss der Medien auf die Meinungsbildung von Politik und Gesellschaft ist eine Tatsache. Eine moralische Instanz sind die Medien damit nicht. Vielmehr verursachen sie mit ihren wechselnden Meinungsmoden und Ideologien häufig erst die Probleme, die später gelöst werden müssen.

Manchmal, wenn sie einen politischen Skandal ans Licht bringen oder falsche Tatsachen richtigstellen, mögen sie auch selber Problemlöser sein. Zwingend ist das nicht. Leider gilt auch das Wort von Karl Kraus: »Was Redaktionen beschlossen haben, vergelten und büßen Nationen.«[17]

Politik überall

Jeder Bürger, der einen Leserbrief an die Zeitung schreibt, eine Wahlveranstaltung besucht, sich am Stammtisch über politische Fehlentscheidungen ereifert, in einem Verband Funktionen innehat, sich an einer Bürgerinitiative beteiligt, ein Volksbegehren unterschreibt und so weiter und so fort, nimmt teil am politischen Prozess. Interessenverbände der unterschiedlichsten Art tun dies schon qua Satzung. Sie identifizieren dabei regelmäßig das Wohl ihrer Verbandsmitglieder mit dem öffentlichen Interesse oder nehmen gar in Anspruch, eine moralische Instanz zu sein.[18] Daraus entsteht im Verbund mit den Medien ein mehr oder weniger dissonanter Chor, der für das politisch sensible Ohr als öffentliches Grundrauschen wahrnehmbar ist – vergleichbar dem Dauerrauschen einer hinter der nächsten Anhöhe gelegenen Autobahn an einem warmen Sommerabend, wenn die Luft nach oben steigt. Dieses alles umspülende Geräusch hört nie auf, und es kann sehr nerven, wenn man auf der Terrasse in Ruhe das Feierabendbier genießen will.

Für den politisch Sensiblen ist Politik überall, sie kriecht quasi durch jede Ritze. Wenn man mit dem Gang der politischen Geschäfte nicht einverstanden ist, erhitzt das die Gefühle. So entstehen politisches Engagement, aber auch Fanatismus und Frustration.

Es stimmt nicht, dass der viel gescholtene »Wutbürger« ein unpolitischer Charakter ist, der die Regeln einfach nicht verstanden hat. Nein, er ist jemand, der politisch erzeugte Ergebnisse – sei es der fehlende Lärmschutzwall bei der nahen Autobahn, sei es das neu eingerichtete Roma-Lager in der Nachbarstraße – nicht einfach dulden will. Er hinterfragt die Vernunft der Regeln, die zu solchen Ergebnissen führen, und hat dabei natürlich, was nur allzu menschlich ist, vor allem die eigenen Interessen im Blick.

Es ist für die persönliche Zufriedenheit häufig einfacher – und für viele Sachergebnisse nicht unbedingt schlechter –, wenn man die Entscheidungen der Obrigkeit quasi als Schicksal nimmt und sich dem Beruf und dem Privatleben widmet. Nicht jede Bürgerbeteiligung führt zu einer besseren Sachwaltung öffentlicher Interessen. Aber es ist auch nicht jeder Bürgerunmut fragwürdig, der das eigene Interesse in den Mittelpunkt stellt.

Es hätte viele Vorteile, wenn über wirklich grundlegende Fragen auf allen staatlichen Ebenen Volksentscheide möglich wären. Die Schweiz ist daran nicht zugrunde gegangen, und es würde der Politik schwerer fallen, sich über grundlegende Werthaltungen und Interessen der Bürger einfach hinwegzusetzen. Weder der Maastricht-Vertrag noch der Lissabon-Vertrag hätten in Deutschland bei einer Volksabstimmung eine Mehrheit bekommen, und auch nicht die bedingungslose Öffnung der deutschen Grenzen für Flüchtlinge und illegale Einwanderer.

Anmerkungen

Angela Merkels Kanzlerschaft – eine Fallstudie

1 Vgl. Thilo Sarrazin: *Der neue Tugendterror. Über die Grenzen der Meinungsfreiheit in Deutschland.* München 2021.
2 Bundesvorstand der CDU, Parteivorstand der CSU: »Deutschlands Chancen nutzen. Wachstum. Arbeit. Sicherheit. Regierungsprogramm 2005–2009«, Berlin, 11.07.2005, S. 28f.
3 Alle im Folgenden verwendeten Zahlen entstammen, wenn nichts anderes vermerkt, dem aktuellen Datensatz des Sachverständigenrats zur Begutachtung der gesamtwirtschaftlichen Entwicklung, https://www.sachverstaendigenrat-wirtschaft.de/jahresgutachten-2020.html.
4 Regierungsprogramm 2005–2009, a.a.O., S. 15ff.
5 Ebenda, S. 3.
6 Ebenda, S. 11.
7 Ebenda, S. 20.
8 »Deutschland verliert sein Wissen«, Interview mit William D. Magwood, *FAZ* vom 23.04.2021, S. 18.

Das Moralische in der Politik

1 Max Weber: »Der Beruf zur Politik«, in: *Soziologie. Weltgeschichtliche Analysen. Politik,* hg. und erläutert von Johannes Winckelmann. 4., erneut durchgesehene und verbesserte Auflage, Stuttgart 1968, S. 175f. Hervorhebung im Original.
2 Ebenda, S. 176.
3 »Liebe deinen Nächsten wie dich selbst«, Interview mit Bischof Heinrich Bedford-Strohm, *FAS* vom 26.04.2015.
4 Peter Graf Kielmansegg: »Was Empörung ignoriert«, *FAZ* vom 29.04.2015, http://www.faz.net/aktuell/feuilleton/debatten/fluechtlingspolitik-was-die-empoerung-ignoriert-13564355.html.
5 Vgl. Thomas L. Friedman: *Die Welt ist flach. Eine kurze Geschichte des 21. Jahrhunderts,* Berlin 2009.

6 Samuel P. Huntington: *Kampf der Kulturen. Die Neugestaltung der Weltpolitik im 21. Jahrhundert*, Hamburg 2006, S. 20.

7 David Hume: *Traktat über die menschliche Natur*. Vollständig neu bearbeitete Ausgabe der Übersetzung von Theodor Lipps. Berlin 2004. Drittes Buch. »Über Moral«. Erster Teil, 1. Abschnitt., S. 457.

8 Ebenda, S. 461.

9 Ebenda, Zweites Buch. »Vom Willen und den unmittelbaren Affekten«. Dritter Teil, 3. Abschnitt, S. 419.

10 Ebenda, Erstes Buch. »Über den Verstand«. Vierter Teil, 7. Abschnitt, S. 282.

11 Zur Geschichte des Werkes und seine Einordnung in Humes Denken vgl. die Einführung von Ernest C. Mossner zur englischen Ausgabe *A Treatise of Human Nature*, London 1985.

12 Vgl. Karl R. Popper: *Logik der Forschung*, 4. verbesserte Auflage, Tübingen 1971, Vorwort zur englischen Ausgabe 1959, S. XVIff. und Kapitel 1, »Grundprobleme der Erkenntnislogik«, S. 3ff.

13 Vgl. Jonathan Haidt: *The Righteous Mind*, New York 2012, S. XIV.

14 Der tief eingewurzelte menschliche Egoismus ist oft unbewusst und wirkt auch indirekt, etwa indem man Minderheitenrechte für andere Gruppen befürwortet, weil man selbst als Minderheit auf einem ganz anderen Gebiet ebenfalls Sonderrechte beansprucht. Vgl. Jacob Weeden und Robert Kurzban: *The Hidden Agenda of the Political Mind*, Princeton 2014, und Patrick Bernau: »Alles Egoisten! Altruistische Politik ist nur ein Schein, *FAZ* vom 29.12.2014.

15 Vgl. Haidt: *The Righteous Mind*, a.a.O., S. 189ff., sowie die Ausführungen zur Entwicklung des Menschen in Thilo Sarrazin, *Wunschdenken*, München 2016, S. 23ff.

16 Vgl. dazu ebenda, S. 213ff. Zur Illustration, wie schnell sich Evolution vollziehen kann, erwähnt Haidt die Studie des sowjetischen Wissenschaftlers Dmitri Beljajew. Dieser war 1948 degradiert worden, weil er an die Mendel'sche Genetik glaubte. An einem sibirischen Forschungsinstitut arbeitete er dann mit Füchsen, aber anstatt sie in Bezug auf die Pelzqualität zu selektieren, selektierte er sie nach sozialen Eigenschaften. Bereits nach neun Generationen wurden die Füchse zahmer, auch änderte sich ihre Gestalt, und nach 30 Generationen wurden sie so zahm, dass man sie als menschliche Spielgefährten halten konnte, lernbegierig und darauf aus zu gefallen.

17 Charles Darwin: *Die Abstammung des Menschen*, Frankfurt a.M. 2009, S. 165f.

18 Vgl. dazu Haidt: *The Righteous Mind*, a.a.O., S. 18, dort auch Anm. 18.

19 Vgl. ebenda, S. 129ff.

20 Vgl. ebenda, S. 297.

21 Vgl. ebenda, S. 302.

22 Vgl. ebenda, S. 306.

23 Wer sich klar auf der konservativen Seite positioniert, macht sich bei der Erfüllung dieser Aufgabe meistens wenig Freunde. Das erfuhr auch der ungarische Ministerpräsident Viktor Orbán, als er im Mai 2014 einen Besuch in Berlin nutzte, um auf einer Konferenz des Auswärtigen Amtes die Prinzipien seiner Regierung darzulegen: keine kulturfremde Einwanderung, Pflege nationaler Identität, klassisches Familienbild, finanzielle Eigenverantwortung der EU-Staaten. Die *FAZ* notierte, die Rede sei im Auswärtigen Amt »nur mit verhaltenem Applaus bedacht« worden. Das ist klar. Sie wirkte schockierend, weil sie der wohltätigen Unschärfe entbehrte, ohne polemisch zu sein. Und es verunsicherte, dass man offenbar in Europa mit solchen Ansichten noch Wahlen gewinnen kann. Vgl. »Orbán: Europa sollte Entwicklung in Ungarn studieren«, in: *FAZ* vom 09.05.2014, S. 2.

24 Vgl. Steven Pinker, *Gewalt: Eine neue Geschichte der Menschheit*, Frankfurt a.M. 2011, S. 622ff.

25 Vgl. ebenda, S. 658ff.

26 Zitiert in Dirk Schümer: »Ein einziger, großer Krankheitsfall«, *FAZ* vom 29.03.2014, http://www.faz.net/aktuell/feuilleton/debatten/gier-psychoanalytisch-betrachtet-erich-fromms-diagnosen-12869035-p2.html.

27 Vgl. Stephan Haselberger und Hans Monath: »Islamische Gesellschaften tun sich schwer mit Demokratie«, Interview mit Heinrich August Winkler, *Der Tagesspiegel* vom 25.01.2015, http://www.tagesspiegel.de/politik/heinrich-august-winkler-ueber-pegida-und-den-islam-islamische-gesellschaften-tun-sich-schwer-mit-demokratie/11276676.html.

28 Ebenda.

29 Vgl. die ausführliche Analyse des koranischen Textes in Thilo Sarrazin: *Feindliche Übernahme*, München 2018, S. 23ff.

30 Abdel-Hakim Ourghi: »Der Islam braucht eine kritikfähige Renaissance«, *Süddeutsche Zeitung* vom 20.01.2015, http://

www.sueddeutsche.de/politik/religion-und-gewalt-der-islam-braucht-eine-kritikfaehige-renaissance-1.2309352.

31 Vgl. Necla Kelek: »Muslime müssen ihre Vergangenheit bewältigen«, *Die Welt* vom 22.01.2015, http://www.welt.de/debatte/kommentare/article136653815/Muslime-muessen-ihre-Vergangenheit-bewaeltigen.html.

32 Samuel Schirmbeck war ARD-Korrespondent in Algerien, als dort der Bürgerkrieg mit den Fundamentalisten tobte. Noch heute spürt man bei ihm die Erschütterung darüber, wie die deutschen Linken und Liberalen noch die übelsten Erscheinungen und Verbrechen fundamentalistischer Islamisten verharmlosten und relativierten, damit sie ihr antikolonialistisches Weltbild nicht zerstörten, das die Schuld für alles immer beim Westen sucht. Vgl. ders.: »Die Linke im Muff von tausend Jahren«, *FAZ* vom 19.01.2015, http://www.faz.net/aktuell/politik/die-gegenwart/linke-verweigern-diskussion-ueber-islam-und-gewalt-13377388.html. In Frankreich reicht der Konflikt mit den radikalen Muslimen viel weiter zurück, als gerne behauptet wird. Die französische Gesellschaft wollte das nicht sehen und fand immer neue passende Erklärungen. Vgl. Lena Bopp: »Wie sich Frankreich selbst belog«, *FAZ* vom 24.01.2015, S. 13. Immerhin ist es schwer vorstellbar, dass der *FAZ*-Redakteur Patrick Bahners heute noch sein 2011 erschienenes Buch *Die Panikmacher* veröffentlichen würde, in dem er nicht den Islam, sondern eine »populistische Islamkritik« dafür verantwortlich machte, dass sich die Stimmung im Land verschlechterte.

33 M. Walid Nakschbandi: »Eine Heimat ist nicht genug«, *FAS* vom 29.12.2013, S. 49.

34 So sind 46 Prozent der befragten Deutschen für Preisobergrenzen bei Grundnahrungsmitteln, und 71 Prozent wollen eine staatlich verordnete Preisgrenze für Mieten. Thomas Petersen vom Institut für Demoskopie Allensbach schreibt dazu: »Das Prinzip der freien Wirtschaft leuchtet den meisten Menschen spontan nicht ein. Seine Erfolge werden anderen Faktoren zugeschrieben.« Ders.: »Stille Liebe zur Planwirtschaft«, *FAZ* vom 27.11.2013, http://www.faz.net/aktuell/politik/inland/allensbach-analyse-stille-liebe-zur-planwirtschaft-12682183.html.

35 Vgl. Georg Lührs, Thilo Sarrazin, Frithjof Spreer und Manfred Tietzel (Hg.): *Kritischer Rationalismus und Sozialdemokratie*, Bonn/Bad Godesberg 1975.

36 Helmut Schmidt, ebenda, S. XV.

37 Besonders klar kann man immer noch das Wirken der marxistischen und liberalen Denkschulen beobachten. Aber auch nationalromantische, völkische Ideen bis hin zu den faschistischen Ideologien haben lange Traditionen, die oft auf ganz unschuldige Ursprünge wie die Entdeckung und Erforschung nationaler Volkskulturen zurückgehen, die Ende des 18. Jahrhunderts mit Johann Gottfried Herder begann. Eine intensive Wirkungsgeschichte hatte auch die Theorie von Thomas Robert Malthus, dass die menschliche Vermehrung grundsätzlich einer Exponentialfunktion folge, während die Nahrungsmittelproduktion nur in einer arithmetischen Folge zunehme. In der Sache hatte Malthus recht. Er wurde und wird aber bekämpft, weil der »Grundgedanke des Werkes, dass der Mensch selbst das Problem der Menschheit« ist, »inhuman« sei. Vgl. Winand von Petersdorff-Campen: »Der traurige Pastor«, *FAZ* vom 01.02.2014, http://www.faz.net/aktuell/wirtschaft/wirtschaftswissen/die-weltverbesserer/thomas-malthus-der-traurige-pastor-12780140.html.

38 Immanuel Kant: *Werke in zwölf Bänden*, Bd. 11, Frankfurt a.M. 1977, S. 228.

39 Vgl. zu entsprechenden Vorkommnissen in Frankfurt Matthias Alexander: »Anlass zur Beunruhigung«, *FAZ* vom 16.01.2015, http://www.faz.net/aktuell/rhein-main/charlie-hebdo-anlass-zur-beunruhigung-13372797.html.

40 Zur entsprechenden Diskussion in Frankreich vgl. Jürg Altwegg: »Darf man seinen Bauch vermieten?«, *FAZ* vom 06.07.2014, http://www.faz.net/aktuell/feuilleton/debatten/frankreich-streitet-rechte-homosexueller-paare-13025729.html.

41 Vgl. Jörg Albrecht: »So lasst uns denn die Hirne melken«, *FAZ* vom 27.07.2013, http://www.faz.net/sonntagszeitung/so-lasst-uns-denn-die-hirne-melken-12308661.html.

42 Vgl. Renate Köcher: »Diffuse Positionen«, *Wirtschaftswoche* vom 06.01.2014, S. 40.

43 Die Kerngedanken der marktwirtschaftlichen Ordnung sind mittlerweile in den Mainstream politischen Denkens eingeflossen und mehr oder weniger in allen Parteien beheimatet. In der FDP fanden sich deshalb immer weniger profilierte ökonomische Denker. Sie sank zur Interessentenpartei des selbstständigen Mittelstandes herab und wurde zugleich zur linksliberalen Partei der Bürgerrechte. Mit keinem dieser Themen konnte sie ein aus-

reichend großes Publikum wirklich fesseln. Die Themenbereiche dagegen, bei denen die großen Parteien der Mitte Defizite zeigten – Zukunft des Nationalstaats und Rolle der Einwanderung –, verpasste sie und überließ sie, ihre eigene nationalliberale Tradition vergessend, der aufsteigenden AfD. 2020 und 2021 gewann die FDP in der Debatte um den richtigen Umgang mit der Corona-Pandemie erneut an Profil, indem sie sich als glaubwürdige Wächterin bürgerlicher Freiheiten zeigte. Im Vorwahlkampf zur Bundestagswahl 2021 gewann sie zudem durch ihre klare Absage an Steuererhöhungen oder eine erneute Einführung einer Vermögenssteuer neues Profil.

44 Vgl. Ralph Bollmann und Inge Kloepfer: »Auf der Suche nach dem guten Leben«, *FAS* vom 30.11.2014, S. 27.

45 »Wir dürfen Menschen nicht nur nach Leistung beurteilen«, Interview mit Michèle Lamont, *FAZ* vom 28.06.2014, http://www.faz.net/aktuell/wirtschaft/wirtschaftswissen/harvard-soziologin-michele-lamont-wir-duerfen-menschen-nicht-nur-nach-leistung-beurteilen-13016190.html.

46 Erich Weede: »Arm und Reich in der Welt«, *FAZ* vom 06.06.2014, S. 16.

47 Vgl. Rainer Hank: »Die Kirche verachtet die Reichen«, *FAZ* vom 01.12.2013, http://www.faz.net/aktuell/wirtschaft/tyrannei-des-marktes-die-kirche-verachtet-die-reichen-12688735.html.

48 Vgl. bei Thilo Sarrazin: *Wunschdenken*, a.a.O., Kapitel 2 »Träume und Phantasien vom glücklichen Zusammenleben«, S. 55ff.

49 »Europa fehlt die Idee«. Der Historiker Christopher Clark trifft den Schriftsteller Michael Kleeberg, *Cicero* 7/2014, S. 123ff.

50 Vgl. bei Thilo Sarrazin: *Wunschdenken*, a.a.O., Kapitel 3 »Gegenstand, Regeln und Prinzipien guten Regierens«, S. 212ff.

51 Hans Magnus Enzensberger: *Politik und Verbrechen*, Frankfurt a.M. 1964, S. 13.

52 Carl Schmitt: *Legalität und Legitimität*, Berlin 1932, S. 1.

53 Enzensberger: *Politik und Verbrechen*, a.a.O., S. 10.

54 Thomas Hobbes: *Leviathan*, XXVII. Kapitel, Hamburg 1996, S. 246.

55 Friedrich Engels, *MEW*, Bd 1, S. 571.

56 Ein gutes Beispiel, wie Erwartungen aus der Bevölkerung die Politik auch gegen Erwägungen der Sachgerechtigkeit steuern, ist die Bildungspolitik. Vgl. Ludger Wößmann, Philipp Lergetporer,

Franziska Kugler und Katharina Werner: »Was die Deutschen über die Bildungspolitik denken. Ergebnisse des ersten ifo-Bildungsbarometers«, *ifo-Schnelldienst* 67 (18/2014), S. 16–33.

57 Max Weber: »Die drei reinen Typen der legitimen Herrschaft«, in: *Gesammelte Aufsätze zur Wissenschaftslehre*, 6. Auflage, Tübingen 1985, S. 488.

58 Vgl. ebenda.

59 Carl Schmitt: *Politische Theologie. Vier Kapitel zur Lehre der Souveränität*, Berlin 2009, S. 55.

60 Ebenda, S. 27.

61 Horst Dreier: *Säkularisierung und Sakralität. Zum Selbstverständnis des modernen Verfassungsstaates*, Tübingen 2013. Zitiert nach der Rezension von Maximilian Steinbeis in: *FAZ* vom 18.12.2013, S. 26.

62 Das zeigt die Entscheidung des BVG vom 29. April 2021 über die Ablehnung der Klage von Bernd Lucke und Peter Gauweiler gegen das Anleihekaufprogramm PSPP der EZB. Solange Abwägungen nachvollziehbar getroffen werden und Parlament und Bundesregierung einer bestimmten Auslegung nicht widersprechen, kann die EZB im Rahmen ihres Mandats grundsätzlich tun, was sie für richtig hält – so der Tenor der Entscheidung des BVG. Damit sind wesentliche Inhalte des Maastricht-Vertrags durch die vom BVG mit dieser Entscheidung gebilligte Staatspraxis wirksam ausgehebelt worden. Vgl. Beschluss des Zweiten Senats vom 29. April 2021, https://www.bundesverfassungsgericht.de/SharedDocs/Entscheidungen/DE/2021/04/rs20210429_2bvr165115.html.

63 Sehr schön zeigt sich das an dem Bemühen des Rechtswissenschaftlers und Experten im Europa-Recht Martin Nettesheim, das EZB-Programm zum Ankauf von Staatsanleihen als rechtlich zulässig zu rechtfertigen. Martin Nettesheim: »Die Europäische Zentralbank steht nicht über dem Recht«, *FAS* vom 25.01.2015, S. 16.

64 Nach einer Studie des amerikanischen Pew Research Center wirken soziale Netzwerke wie eine digitale »Schweigespirale«. Im digitalen Netz wie im wirklichen Leben wird die Tendenz unterstützt, dass Menschen sich jenen zuwenden, mit denen sie einer Meinung sind, während sie andere aus ihrer Wahrnehmung verbannen. Vgl. »Eine Meinung. Wie in sozialen Netzwerken Mehrheiten entstehen«, *FAZ* vom 28.08.2014.

65 Vgl. Céline Teney und Marc Helbling: »How Denationalization Divides Elites and Citizens«, *Zeitschrift für Soziologie*, Heft 4, August 2014, S. 258–271.
66 Max Weber: *Politik als Beruf*, Berlin 2010, S. 46ff.
67 Karl R. Popper: *Der Zauber Platons. Die offene Gesellschaft und ihre Feinde*, Bd. I, Bern 1957, S. 192f.

Das Menschliche in der Politik

1 Vgl. die Beschreibung der Verhältnisse im Deutschen Reich, in England und den USA bei Max Weber: *Politik als Beruf*, a.a.O., S. 34ff.
2 Ebenda, S. 65.
3 Ebenda, S. 49f.
4 Zur Rolle der staatlichen Bürokratie vgl. Thilo Sarrazin: *Wunschdenken*, a.a.O., S. 158 ff.

Das Handeln in der Politik

1 Vgl. Rainer Hank: »Eigentum ist Macht«, *FAZ* vom 22.06.2014, http://www.faz.net/aktuell/wirtschaft/netzwirtschaft/der-liberalismus-im-konflikt-eigentum-ist-macht-13002254.html.
2 Das wird von Roland Tichy schön gezeigt am Beispiel von Angela Merkel. Vgl. ders.: »Maschinistin der Macht«, *Die Weltwoche* 4/2015, http://www.weltwoche.ch/ausgaben/2015-04/maschinistin-der-macht-die-weltwoche-ausgabe-042015.html.
3 Das bedeutet nicht unbedingt, dass die Mehrheit allein entscheiden muss. Je nach politischer Kultur und Entscheidungsgegenstand können auch Verhandlungslösungen dominieren, oder man lässt die Minderheit sogar permanent an der Macht teilhaben. Ich hege nicht wie Egon Flaig die Befürchtung, dass die Demokratie durch Aushandlungslösungen mehr oder weniger zwangsläufig untergraben wird. Vgl. Egon Flaig: »Ohne Mehrheitsentscheidung keine Demokratie«, *Hauptstadtbrief* 126 vom 17.12.2014, http://www.derhauptstadtbrief.de/cms/index.php/105-der-hauptstadtbrief-126/676-ohne-mehrheitsentscheidung-keine-demokratie.
4 Carl von Clausewitz: *Vom Kriege*, Reinbek 2013, S. 216.

5 Ebenda, S. 205.
6 Ebenda, S. 77.
7 Ebenda, S. 181.
8 Barbara Tuchman: *Die Torheit der Regierenden. Von Troja bis Vietnam*, Frankfurt a.M. 2001, S. 49.
9 Vgl. ebenda, S. 38ff.
10 Vgl. Jochen Buchsteiner: »Stadt des Schweigens«, *FAZ* vom 19.02.2015, http://www.faz.net/aktuell/politik/missbrauch-in-rotherham-stadt-des-schweigens-13434501.html.
11 Der CSU-Politiker Peter Gauweiler hatte sich 2010 als grundsätzlicher Kritiker der deutschen Politik zur Euro-Rettung hervorgetan und diese Haltung in politischen Äußerungen und mehreren Klagen vor dem Bundesverfassungsgericht mit Inhalt gefüllt. Der Dissens mit dem CSU-Vorsitzenden Horst Seehofer in dieser Frage führte am 31. März 2015 zu seinem Rücktritt als Bundestagsabgeordneter und stellvertretender Parteivorsitzender der CSU. In der Presseerklärung aus diesem Anlass zeigte Gauweiler den eklatanten Widerspruch zwischen den einschlägigen Programmsätzen der CSU und ihrem politischen Handeln auf. Messerscharf und schlagend argumentierte er:
»Die CSU sagt in ihren Programmen, es dürfe *keine Vergemeinschaftung von Staatsschulden*, keine *Eurobonds*, geben. Jetzt führt die EZB mit ihrem neuen Staatsanleihen-Ankaufprogramm de facto Eurobonds ein – eine direkte Vergemeinschaftung von Staatsschulden in Höhe von 20 Prozent des Ankaufsvolumens, eine indirekte, verschleierte Vergemeinschaftung in Höhe der restlichen 80 Prozent.
›*Die Finanzierung von Krisenstaaten über die Notenpresse lehnen wir ab*‹ (Europaplan der CSU vom 10. Mai 2014). Genau das macht die EZB aber jetzt, zum einen mit dem Staatsanleihen-Ankaufprogramm, zum anderen mit den ELA-Krediten an griechische Banken.
›*Einen stabilen Euro kann es dauerhaft nur geben, wenn alle Länder eine konsequente Haushaltsdisziplin einhalten*‹ (Bayernplan der CSU vom 19. Juli 2013). Die EZB aber nimmt mit ihrer Politik, die Zinsen für Staatsanleihen auf null Prozent zu drücken, den Eurostaaten jeden Anreiz zur Haushaltsdisziplin.
Und jetzt zu Griechenland, unserem aktuellen Streitpunkt: ›*Krisenstaaten dürfen auch künftig nur Hilfen bekommen, wenn sie im Gegenzug Reformen durchführen und ihre Verschuldung bekämp-*

fen. Wenn ein Staat den Auflagen nicht nachkommt, müssen die Hilfen entsprechend gekürzt oder ganz gestrichen werden.‹ ›Für überschuldete Staaten soll eine geordnete Staateninsolvenz möglich sein. Dazu soll auch die Möglichkeit gehören, die Eurozone vorübergehend zu verlassen und wieder eine eigene Währung einzuführen. Dieser Prozess soll durch gezielte Wirtschaftshilfe und die Möglichkeit zum Wiedereintritt in die Eurozone begleitet werden‹ (Europaplan der CSU vom 10. Mai 2014). Die Staatsverschuldung Griechenlands ist, wie der griechische Ministerpräsident und der neue Finanzminister ehrlicherweise erklärt haben, nicht tragfähig. Griechenland – so beide ausdrücklich – ›ist seit 2010 ein bankrotter Staat‹. Warum angesichts dessen meine Gegenstimme gegen eine Verlängerung des aktuellen (offensichtlich völlig wirkungslosen und möglicherweise kontraproduktiven) Programms meinerseits ein Verstoß gegen die CSU-Parteidisziplin gewesen sein soll, ist mir unklar.« http://archiv.peter-gauweiler.de/pdf/pressemitteilungen/pm_2015-03-31.pdf.
Egal wie man zu Peter Gauweilers Ansichten sachlich steht, muss man ihm doch in einem recht geben: Wenn die deutsche Sprache noch ein sinnvolles Kommunikationsmedium sein soll, hat nicht er, sondern die von Horst Seehofer geführte Parteimehrheit gegen die eigenen Ankündigungen und Beschlüsse verstoßen und diese offenbar nicht ernst genommen.

12 Vgl. Werner Mussler: »Warum Politiker lügen müssen«, *FAZ* vom 25.04.2015, http://www.faz.net/aktuell/wirtschaft/eurokrise/griechenland/kommentar-warum-politiker-luegen-muessen-13559058.html.

13 Vgl. Thomas Gutschker: »Lüge«, *FAS* vom 22.06.2014, S. 10.

14 Vgl. Bundesverfassungsgericht: »Verfassungsbeschwerden gegen das Klimaschutzgesetz teilweise erfolgreich«, Pressemitteilung 31/2021 vom 29.04.2021,
https://www.bundesverfassungsgericht.de/SharedDocs/Pressemitteilungen/DE/2021/bvg21-031.html.

15 Die Trierer Genderforscherin Franziska Schößler nennt als Ziel »die Analyse und Kritik asymmetrischer Geschlechterverhältnisse«. Sebastian Moll schreibt dazu: »Das Ziel der Gender Studies ist also nicht einfach nur die wissenschaftliche Beschreibung sozialer Zustände in Bezug auf die Geschlechterverteilung, sondern die bewusste Herstellung eines symmetrischen Geschlechterverhältnisses mit politischen Mitteln!« Er zieht hinsichtlich

»der Vermischung von wissenschaftlicher Analyse einerseits und politischer Forderung andererseits« die Parallele zu dem 1939 von den evangelischen Landeskirchen gegründeten »Institut zur Erforschung und Beseitigung des jüdischen Einflusses auf das deutsche kirchliche Leben«. Vgl. »Make Science, not Politics!«, *The European* vom 06.03.2015, http://www.theeuropean.de/sebastian-moll/9757-der-irrtum-der-gender-studies.

16 Vgl. Dorothea Siems: »Hans-Werner Sinn soll mundtot gemacht werden«, *Die Welt* vom 08.02.2015, http://www.welt.de/debatte/kommentare/article137196649/Hans-Werner-Sinn-soll-mundtot-gemacht-werden.html.

17 Vgl. Dror Moreh: *The Gatekeepers. Aus dem Inneren des israelischen Geheimdienstes*, Köln 2015.

18 Ich veranlasste als Erstes, dass in der noch offenen Bilanz der TLG für das Jahr 1998 die Risiken adäquat, aber großzügig abgebildet wurden. Dann beauftragte ich ein Gutachten bei Professor Karlheinz Küting, Universität Saarbrücken, der damals als deutscher Bilanzpapst galt. Es kam zu dem Ergebnis, dass sich die Geschäftsführung der Untreue schuldig mache, wenn sie einer Kapitalentnahme durch den Gesellschafter zustimmt, die zu einer Unterkapitalisierung führt. Dieses Gutachten schickte ich an Overhaus. Damit war die Entnahme nur noch durch eine Gesellschafterweisung möglich, wozu es angesichts des Gutachtens an Mut fehlte. Schließlich sorgte die Mecklenburger CDU-Bundestagsabgeordnete Susanne Jaffke als Mitglied des Haushaltsausschusses dafür, dass ich eingeladen wurde, dort zur Situation und Perspektive der TLG zu sprechen. Der Haushaltsausschuss des Bundestags beschloss dann, dem Bundesfinanzministerium zu empfehlen, die TLG bis zu ihrer Privatisierung von Ausschüttungen und Entnahmen zu verschonen. So geschah es.

Politik und Gesellschaft

1 Roger Köppel meint dazu: »Unsere Unterschiede liegen im Politischen, und das Politische gibt Antwort auf die Frage, wer wir sind. Staatlichkeit und Politik haben mit Identität zu tun.« Ders., »Deutschland«, *Die Weltwoche* 22/2014, http://www.weltwoche.ch/ausgaben/2014-22/editorial-deutschland-die-weltwoche-ausgabe-222014.html.

2 »Digitaler Weltstaat oder digitaler Humanismus?«, Interview mit Ulrich Beck, *FAZ* vom 21.07.2013, http://www.faz.net/aktuell/feuilleton/debatten/der-soziologe-ulrich-beck-im-gespraech-digitaler-weltstaat-oder-digitaler-humanismus-12287900.html?printPagedArticle=true#pageIndex_2.

3 Vgl. Thierry Baudet: *The Significance of Borders. Why Representative Government and the Rule of Law Require Nation States*, Leiden/Boston 2012, S. 239ff.

4 Max Weber: *Politik als Beruf*, a.a.O., S. 27.

5 Ebenda, S. 30.

6 Werner J. Patzelt: »Edel sei der Volkswille«, *FAZ* vom 21.01.2015, http://www.faz.net/aktuell/feuilleton/debatten/die-verortung-von-pegida-edel-sei-der-volkswille-13381221.html.

7 Vgl. zur Verbreitung entsprechender Einstellungen in Deutschland die Ergebnisse einer repräsentativen Umfrage bei Monika Deutz-Schroeder, Klaus Schroeder: »Gegen eine offene Gesellschaft«, *FAZ* vom 23.02.2015, http://www.faz.net/aktuell/politik/die-gegenwart/studie-zum-linksextremismus-13443452.html.

8 Heribert Seifert schreibt dazu in der *Neuen Zürcher Zeitung*: »Obwohl die klare Mehrheit der Demonstrationsteilnehmer gewaltfrei und ohne extremistische Forderungen auftrat, (...) herrschte eine Verdachtsberichterstattung, die darauf lauerte, hinter der Fassade den Nazi zu enttarnen (...) Der seitenfüllende Abdruck der formelhaften Anti-Pegida-Stellungnahmen von Politikern und Kirchenführern verstärkte noch die Schlagseite der Berichterstattung (...) Legitime Publizistik darf nach der Überzeugung dieses Juste Milieu nur in den Grenzen seiner Wahrnehmungs- und Urteilsmuster stattfinden.« Ders.: »Ärger mit der ›Lügenpresse‹«, *Neuen Zürcher Zeitung* vom 17.02.2015, http://www.nzz.ch/feuilleton/medien/aerger-mit-der-luegenpresse-1.18484768.

9 »Hat Dresden ein Trauma, Herr Vaatz?«, *Superillu* vom 19.02.2015, S. 21.

10 Vgl. Thilo Sarrazin: *Der neue Tugendterror*, a.a.O., S. 49ff.

11 »Medien gehen mit Pegida indiskutabel um«, Interview mit Hans Mathias Kepplinger, *Die Tagespost* vom 21. Januar 2015, S. 3.

12 Im Vorfeld der Veröffentlichung von *Der neue Tugendterror* hatte ich für den 25. Februar 2014 – dem Tag nach dem Erscheinen

des Buches – eine Einladung in die Talkshow »Menschen bei Maischberger« erhalten. Der Termin war bereits zwei Monate zuvor ausgemacht und fest vereinbart worden. Fünf Tage vor der Sendung wurde ich auf Weisung der Programmleitung des WDR gegen den Willen der Maischberger-Redaktion ausgeladen. Und die Programmleitung des rbb entschied, mich aus der für den 22. Februar angesetzten Sendung »Zu Gast bei Ingo Kahle« auszuladen. Auch hier war *Der neue Tugendterror* das Thema. Ingo Kahle war zutiefst empört und bat mich um Entschuldigung. Das Vorgehen war offenbar abgestimmt. In der gesamten ARD wurde das Erscheinen von *Der neue Tugendterror* ignoriert. Das Buch setzte sich in wesentlichen Teilen mit den verschiedenen Erscheinungsformen der Gleichheitsideologie auseinander. Ein Jahr später traf es Frank Plasbergs Sendung »Hart aber fair«. Das Thema am 2. März 2015 lautete: „Nieder mit dem Ampelmännchen, her mit den Unisex-Toiletten – Deutschland im Gleichheitswahn?« Es ging hoch her. Und es hagelte Beschwerden. Zwar verwahrte der Rundfunkrat der Sender sich gegen die Vorwürfe, entschied aber, die Sendung aus der Mediathek zu nehmen mit der Begründung, sie sei »von Frauenverbänden und Gleichstellungsbeauftragten als unseriös empfunden worden und hatte zu Programmbeschwerden und zahlreichen Protestbriefen geführt«. Michael Hanfeld schrieb dazu: »Der WDR verzichtet freiwillig auf die Presse- und Meinungsfreiheit nach Artikel 5 des Grundgesetzes.« Ders.: »WDR setzt auf Zensur«, *FAZ* vom 23.08.2015, http://www.faz.net/aktuell/feuilleton/medien/hart-aber-fair-loeschung-der-wdr-setzt-auf-zensur-13764991.html.

13 Das wahrgenommene Gruppenverhalten beeinflusst das eigene Verhalten. So kann es in uneindeutigen Situationen mehrheitlich zu Verhaltensweisen kommen, die den eigenen Präferenzen nicht entsprechen. Vgl. Bibb Latané und John M. Darley: »Group Inhibition of Bystander Intervention in Emergencies, *Journal of Personality and Social Psychology* 10(3), November 1968, S. 215–221.

14 Vgl. Elisabeth Noelle-Neumann: *Die Schweigespirale. Öffentliche Meinung – unsere soziale Haut*, München 1980, sowie meine Auseinandersetzung damit in: *Der neue Tugendterror*, a.a.O., S. 129ff.

15 Matthias Geis, Bernd Ulrich: »Ausweitung der Kampfzone«, *Die Zeit* vom 29.01.2015, http://www.zeit.de/2015/05/konsensgesellschaft-alternativlosigkeit-dagegen.

16 Der amerikanische Soziologe Joseph P. Overton beschrieb eine Technik der Manipulation von Einstellungen in der Gesellschaft, in der verschiedene Stufen durchlaufen werden: Undenkbar – radikal – akzeptabel – vernünftig – populär – politische Maßnahme. Am leichtesten ist das Overton-Fenster nach Einschätzung seines Entdeckers nutzbar in einer Gesellschaft, die kein Ideal und keine klaren Maßstäbe von Gut und Böse hat. Vgl. Joseph Lehman: »A Brief Explanation of the Overton Window«, *Mackinac Center for Public Policy*, http://www.mackinac.org/OvertonWindow#Explanation.

17 Zitiert bei Frank Schirrmacher: »Dr. Seltsam ist heute online«, *FAZ* vom 28.03.2014, http://www.faz.net/aktuell/feuilleton/debatten/echtzeitjournalismus-dr-seltsam-ist-heute-online-12867571.html?printPagedArticle=true#pageIndex_2.

18 Besonders penetrant ist in Deutschland der Paritätische Wohlfahrtsverband mit seinem Hauptgeschäftsführer Ulrich Schneider, der jedwede neue Statistik mit Armutspolemik in die Nachricht umdichtet, dass die Armut in Deutschland steige und die Dienste seiner Verbandsmitglieder daher besonders vonnöten seien. Dabei geraten Empirie und Wirklichkeit regelmäßig unter die Räder. Vgl. dazu Georg Cremer: »Die tief zerklüftete Republik«, *FAZ* vom 27.04.2015, http://www.faz.net/aktuell/politik/die-gegenwart/deutschland-die-tief-zerklueftete-republik-13560353.html.

Personenregister